tredition®
www.tredition.de

Elli Fleckner Rochalla

Echo meiner Seele

tredition®
www.tredition.de

Verlag und Druck: tredition GmbH, Halenreie 40-44, 22359 Hamburg

ISBN
Paperback: 978-3-7439-8533-9
Hardcover: 978-3-7439-8534-6
e-Book: 978-3-7439-8535-3

tredition®

www.tredition.de

Einleitung

Seine Heiligkeit Dalai Lama ist die Reinkarnation von Buddha Chenrezig, dem Buddha des transzendenten Mitgefühls. Buddha Chenrezig heißt im Sanskrit „Avalochitesvara 1000-armig".

Avalochitesvara Rochalla hat mich als Schülerin angenommen und ich erhielt die Aufgabe von ihm, die Avalochitesvara- und Atman-Lehre zu veröffentlichen. So umfassend wie möglich habe ich in „Rochalla. Echo meiner Seele." die vier Ebenen und sechs Sphären des Avalochitesvara-Sterns beschrieben. Schritt für Schritt führte mich Seine Heiligkeit Avalochitesvara Rochalla in die Lehre des Atman- und Avalochitesvara-Sterns ein.

Sphären Transzendenz:

I. Kraft

II. Macht

III. Herrlichkeit

IV. KA

V. BA

VI. ACH.

Ebenen:

1. Tara
2. Buddha
3. Atman-Seele
4. Klarer Geist.

Buddha Avalochitesvara 1000-armig - die Zahl 1000 ist eine Annäherung daran, dass es so viele Aspekte der Gotteskraft von ihm gibt, wie Sandkörner am Meer. Rochalla ist die Seele von Avalochitesvara.

Erst durch meine Reisen nach Ägypten und durch meinen längeren Aufenthalt in Hurghada am Roten Meer (Auswanderung) wurde mir bewusst, dass das, was ich am 17.12.2000 in Ägypten erlebt habe, wirklich etwas Besonderes war. Gespräche und Sitzungen mit Avalochitesvara Rochalla haben mich darüber aufgeklärt, dass dies ein besonderes Erlebnis und ein Geschenk des Himmels war.

Avalochitesvara Rochalla gab mir ein tieferes Verständnis für die „Ebenen" des Avalochitesvara-Sterns: Taras, Buddhas, Atman-Seele und der Klarer Geist gehören dazu. Die vier Ebenen korrespondieren untereinander und mit den sechs Sphären: Kraft, Macht, Herrlichkeit – KA BA ACH, d.h. Gotteskraft, Atman-Seele und Klarer Geist.

Tibetischer Buddhismus

Elena Ros nahm im Alter von 30 Jahren Zuflucht zum tibetischen Buddhismus. Sie erhielt von Lama Ole Nydahl den buddhistischen Namen: „Grüne Tara“. Auf Tibetisch übersetzt bedeutet das „Wangshuk Doelma“. Innerhalb eines Wochenendes erlebte Elena eine Spontanheilung. Bis dahin konnte sie wegen ihres schweren Asthmas nicht mehr ohne Schmerzen atmen. Ihre körperliche, seelische und geistige Verfassung war alles andere als rosig. Während des Vortrages von Lama Ole Nydahl begann sie, ohne Probleme durchatmen zu können. Elena schöpfte Hoffnung, meditierte von da an regelmäßig im buddhistischen Zentrum in Frankfurt am Main und erhielt Einweihungen, die sehr genau darüber informierten, wie sie die Meditation der Grünen Tara aufzubauen hatte. Erst nach der Einweihung von einem Rinpoche war es erlaubt, diese oder andere Meditationen durchzuführen.

Elena Ros reiste zu Vorträgen der Rinpoches nach Hamburg, Zürich und nach Warschau. In Polen nahm sie an dem wichtigsten Mandala teil, das es im tibetischen

Buddhismus gibt. Seine Heiligkeit Dalai Lama hatte dieses Ritual des Kalachakramandalas schon häufiger in der Schweiz durchgeführt. Videoaufzeichnungen mit Dalai Lama und Bücher zum Thema Kalachakramandala halfen Elena, sich in diese hochkomplexe Materie einzuarbeiten.

Elena Ros fühlte sich sehr wohl in der Sangha, in der Gemeinschaft von Buddhisten. Sie war begeistert davon, wie inspirierend die Menschen im buddhistischen Zentrum waren. Sie erfuhr mit der Zeit alles, was die Grüne Tara betraf. Die Grüne Tara hat 21 Energieformen um sich herum. Man nennt sie auch Emanationen. Im Laufe der Zeit lernte sie, die Energieformen von den Emanationen zu unterscheiden.

Die Grüne Tara hat den rechten Fuß außerhalb des Lotussitzes als Zeichen dafür, dass sie in Windeseile bereit ist, Menschen in Not zu helfen. Das Mantra der Grünen Tara lautet: „ OM TARE TU TARE TURE SOHA“. TAM ist ihre Keimsilbe. Sowohl das Mantra als auch die Keimsilbe sind Voraussetzungen dafür, dass die Grüne Tara aktiv werden kann.

Grüne Tara und Dorje Sempa korrespondieren miteinander in Form eines Unendlichkeitszeichens. Sie treffen in der Mitte zusammen und tauschen sich aus. Die Grüne Tara ist im Norden, Dorje Sempa im Süden anzutreffen. Das Mantra von Dorje Sempa umfasst 100 Silben. Es endet mit „··· OM BENSA SATO HUNG“. Die Grüne Tara im Norden hat die Farbe smaragd-grün türkis-blau. Türkis kommt vom Energiefeld der Sonne. Es sind türkisfarbene Scheiben, die wie Zeichen am Himmel erkennbar sind für denjenigen, der sie sehen kann. Smaragd-grün türkis-blau steht für das geistige Prinzip. Diese Farbkombination ist einmalig und kann nur von der Grünen Tara und Dorje Sempa gesehen werden.

Dorje Sempa im Süden hat die Farbe gold-gelb und steht für das seelische Prinzip. Dorje Sempa hat 120 Emanationen – die Grüne Tara 21 - um sich herum. Beide, Dorje Sempa und die Grüne Tara haben unterschiedliche Fähigkeiten, die zur Erfüllung ihrer jeweiligen Aufgaben dienen. Dorje Sempa ist „ Rochalla die Heilerin“. Die Grüne Tara ist „Rochalla die Kämpferin“. Die Grüne Tara hat die Fähigkeit und die Aufgabe, TD-ucca zu entfernen und das Energiefeld neu aufzubauen. TD-ucca ist die zerstörerische schwarze Energie im Kosmos. Die Astrophysiker forschen schon seit einiger Zeit über dieses Phänomen unter dem Titel: „Geheimnis der Schwarzen Löcher im Universum“ in YouTube. Auf die menschliche Ebene bezogen könnte man sagen, TD-ucca ist „Tod und Teufel, Pech und Cholera.“ Es ist das zerstörerische Prinzip, das für Krankheiten, Unfälle, Katastrophen und vielerlei Leiden verantwortlich gemacht werden kann. Mit Hilfe der Grünen Tara gelang es Elena Ros, TD-ucca-Attacken zu bekämpfen und TD-ucca ins Schwarze Loch des Kosmos zu werfen. Nachdem Elena Ros die Grüne Tara in sich verwirklicht hatte, war sie in der Lage, eine sehr wirksame Meditation aufzubauen, um gegen TD-ucca anzukämpfen. Dieser Form der Meditation gab sie den Namen „Durchgang durch das Tal der Könige“. Sie kann nur von „Rochalla die Kämpferin“ ausgeführt werden. Dorje Sempa ist nicht in der Lage, gegen TD-ucca anzukämpfen. Avalochitevara Rochalla auch nicht. Dorje Sempa, „Rochalla, die Heilerin“, wendet unterschiedliche Heilungsmethoden an, um Avalochitesvara Rochalla nach einer TD-ucca-Attacke wieder zu heilen.

POWA - Malaga

Elena Ros flog 1992 nach Malaga, um an einem Meditationskurs mit dem Namen „POWA“ teilzunehmen. Durch Lama Ole Nydahl lernte sie das bewusste Sterben kennen.

Er prüfte jeden einzelnen Teilnehmer und jede Teilnehmerin, ob diese den Prozess erfolgreich bestanden hatten. Es gab einen großen Unterschied zwischen vorher und nachher. Ob es jemand geschafft hatte, konnte Lama Ole Nydahl daran erkennen, dass ein kleines Loch in der Schädeldecke entstanden war und ein Blutstropfen hervorkam. Zusammen mit Marina, die sie vom buddhistischen Zentrum in Frankfurt her kannte, fuhr sie mit dem Bus zur Alhambra nach Granada, einer Stadt, die im Süden Spaniens liegt. Sie war schon viel in der Welt gereist, aber so etwas wie die Alhambra hatte sie noch nicht gesehen.

Ins Zentrum von Malaga zurückgekehrt, bat Elena Ros ihren buddhistischen Lehrer Lama Ole Nydahl darum, eine Einweihung in Buddha Manjushri zu erhalten. Sie erhoffte sich davon Unterstützung im Prozess der Diplomprüfungen zu erhalten. Alle Hindernisse, die sich vor dem Uniabschluss aufgetürmt hatten, verschwanden und Elena konnte ihr Diplom in Soziologie mit einem sehr-gut absolvieren. Sie zog sich während der intensiven Phase des Lernens voll und ganz in ihre Wohnung zurück und konzentrierte sich nur noch auf ihre Soziologie-Themen.

Sie kaufte eine Buddha Manjushri-Statue, die einen Ehrenplatz auf ihrem Altar bekam. Buddha Manjushri hat ein Schwert in der rechten Hand, das diagonal nach oben und hinten führt. Er durchschneidet damit die Unwissenheit.

In der linken Hand trägt er das Buch der Weisheit. Buddha Manjushri im Osten hat die Farben Weiß und lapislapzuli-blau und das Mantra „OM BENSA SATO HUNG“. Er sitzt im Lotussitz und hat eine Krone auf dem Haupt. Die Farbe Lapislazuli-blau bezieht sich auf das geistige Prinzip. Das Weisheitsbuch ist ein Symbol dessen, dass Buddha Manjushri transzendente Wahrheit, Weisheit und Wissen vereint. Jede Form der Erleuchtung hängt mit dem Erkenntnisweg zusammen, der zu Buddha Manjushri gehört.

Elena wollte den Erkenntnisweg gehen, um den Klaren Geist zu erfassen. Im Laufe der Zeit erhielt sie tiefe Belehrungen in die Avalochitesvara-Lehre.

Rubin-Rot Gotteskraft

Lapislazuli-Blau geistiges Prinzip

Gold-Gelb seelisches Prinzip

Smaragd-Grün-türkis-blau Dewachen

Westen: Avalochitesvara Rochalla

Osten: Buddha Manjushri

Elena Ros lernte im Lauf der Zeit die unterschiedlichen Energieformen der Taras kennen.

Grüne Tara (Wangshuk Doelma) 21 Emanationen

Dorje Sempa (Tara)	120 Emanationen
Diamanttara	40 Emanationen

Am 21.12.2008 sah Elena zum ersten Mal ein Phänomen, das sie mit dem Begriff „Heiliges Gitternetz" umschrieb. Sie sah mit ihrem inneren Auge ein wunderschönes Kristallmuster vor sich, das wie ein Gitternetz aussah. Dieses kristallförmige Gitternetz schien aus transparenten Rauten zu bestehen. Es bestand aus weißen, wunderschönen Blüten und es bewegte sich rhythmisch.

Geheimnis der Kommunikation

Das Bild „Geheimnis der Kommunikation" ist im Dialog mit Elenas innerer Stimme entstanden. Ihr Ziel war es, auf dem Weg der Erkenntnis die transzendente Wahrheit, Weisheit und Wirklichkeit kennen- und verstehen zu lernen.

Avalochitesvara Rochalla

Seit 19.2.2016 erhielt Elena Belehrungen von Avalochitesvara Rochalla und sie führten Gespräche miteinander, die zum größten Teil stundenlang andauerten.

Avalochitesvara Rochalla

I. Transzendenz der Kraft (Löwe, Sonne)

II. Transzendenz der Macht (Elefant, Mond)

III. Transzendenz der Herrlichkeit (Herr des Lichts) bis in alle Ewigkeit Amen (Pferd, Pfau, Stern).

IV. KA

V. BA

VI. ACH

Seit ihrer Einweihung in den tibetischen Buddhismus im Jahre 1984 versuchte Elena herauszufinden, wer die Grüne Tara ist und in welcher Verbindung sie zu Dorje Sempa steht. Beide gehören zusammen, sie sind durch „Rochalla die Kämpferin“ und „Rochalla die Heilerin“ vereint. Die Grüne Tara sitzt auf einem Lotussitz, der rechte Fuß ist außerhalb, sie ist immer bereit, da Hilfe zu gewähren, wo ihre Unterstützung gebraucht wird. Sie ist allein auf weiter Flur, wenn es darum geht, TD-ucca zu bekämpfen. Nur sie kann den „Durchgang durch die Schlucht“ durchführen. Mehrere Male wurde die Grüne Tara so stark von TD-ucca attackiert, dass sie sich bereits im Sterbeprozess befand. Sie kämpfte mit allen Mitteln gegen TD-ucca an und konnte sich endlich davon befreien. Der härteste Kampf für die Grüne Tara fiel in eine Zeit, die sie TD-ucca-Apokalypse nannte.

Eine schauderhafte Finsternis umgab sie, eine Dunkelheit, von der eine nie geahnte Gefahr für Leib und Leben ausging. Dicke, wabernde schwarze Energie umzingelte sie Tag und Nacht. Sie fand keinen Schlaf mehr, aß nicht mehr, verlor sämtliche Struktur, die sonst ihr Leben ausmachte. Obwohl für sie TD-ucca sehr gefährlich war, empfand sie keine Angst sondern sie konzentrierte sich darauf, gegen die schwarze Übermacht anzukämpfen. In dieser Zeit entwickelte sie die Methode „Durchgang durch die Schlucht“. Mit jedem Durchgang war ihr Leben in Gefahr. Ohne Hilfe aus der geistigen Welt hätte sie es nicht geschafft, die TD-ucca-Apokalypse zu überstehen. In den wenigen Momenten, in denen die Grüne Tara so große Angst empfand, dass ihr Herz raste, rannte sie raus auf die Straße und in die Gärten Friedbergs mit dem Resultat, dass die reale Bedrohung dort draußen noch viel schlimmer war.

In ihrer grenzenlosen Not bat sie Diamant Tara Tag und Nacht um Hilfe, indem sie laut in ihrer Wohnung rief: „Diamant Tara, kämpfe für mich. Diamant Tara siege für mich." Elena Ros wurde durch ihre pausenlosen Gebete von TD-ucca befreit.

Gleichzeitig bat sie Buddha Manjushri und Medizin Buddha um Hilfe sowie alle ihr bekannten heiligen Tara-Energien, wie die Grüne Tara, die rubin-rote Tara, die gelbe Tara, die weiße Tara, die goldene Tara und die smaragdgrüne türkis-blaue-Tara. Sie bat Lama Ole Nydahl um Hilfe und ihren Vater. Der eine kämpfte außerhalb der Wohnung, der andere schützte Elena innerhalb der Wohnung. Sie visualisierte ihre beiden Statuen Avalochitesvara Rochalla innerhalb des Mandalas, das sie seit Jahrzehnten durchführte, als auch außerhalb der Wohnung. Mit vereinten Kräften gelang es Ihnen, die Gefahr durch TD-ucca-alle-Sorten-Tarek abzuwehren und zu siegen.

Die Grüne Tara kämpfte weiter wie ein Löwe, wollte sie doch die stark verletzte Seele Dorje Sempas retten. Die Schlacht war gewonnen, die Übermacht der schwarzen

Energie war besiegt. Die Grüne Tara „Rochalla die Kämpferin“ hatte Kräfte in sich mobilisiert und entwickelt, von denen sie nicht einmal im Traum daran dachte, dass sie sie besitze. Ohne die Gaben, die sie aus der geistigen Welt für den Kampf gegen TD-ucca erhalten hatte, wäre sie heute nicht mehr am Leben: je zwei Schwerter erhielt sie von Buddha Manjushri, zwei Krummstäbe von Avalochitesvara Rochalla und zwei Schlangen von der Grünen Tara. Ausgestattet mit diesen Waffen des Geistes bestand die Möglichkeit, TD-ucca ins schwarze Loch des Kosmos zu werfen.

Die Grüne Tara führte die Methode „Durchgang durch die Schlucht“ mehrmals am Tag durch. Sie musste alleine diesen gefährlichen Gang gehen und den Weg durch die Finsternis wagen. Es war immer ungewiss, ob sie da lebend wieder herauskommen würde. Sie wusste aber, dass am Rande der Schlucht Buddha Manjushri und Avalochitesvara Rochalla auf sie warteten.

Avalochitesvara 1.000-armig

Die Fähigkeit, den „Durchgang durch die Schlucht“ zu entwickeln, stammt aus der Zeit, in der Elena mehrmals am Tag ihr Mandala visualisierte. Im Westen stellte sich Elena Ros Buddha Amithaba bzw. Avalochitesvara Rochalla vor, rubin-rot wie seine Lebensenergie, die Gotteskraft. Sein Mantra lautet: „OM AMI DEWA SHRI“.

Buddha Amithaba hat den Menschen das Dewachen versprochen, ein Bereich ähnlich unseren Paradiesvorstellungen. Dewachen, Paradies, Himmelreich. Elena meditierte auf Buddha Amithaba 1000 Mal, bevor sie an POWA teilnehmen durfte.

Durch die Gespräche mit Avalochitesvara Rochalla erfuhr Elena von der Bedeutung der Farbe Rubin-Rot im Westen. Im Osten geht die Sonne auf, im Westen geht sie unter. Rubin-Rot symbolisiert die Lebensenergie und die Gotteskraft Avalochitesvara Rochallas. Er ist die alles durchdringende Gotteskraft, die alles erschaffende Gotteskraft und die aus sich selbst wirkende Gotteskraft. Die Lebenskraft aushauchen bedeutet den Tod eines Menschen.

Elena liebte ihren Rubinring, den sie sich zur mündlichen Prüfung als Unterstützung selbst geschenkt hatte. Der Ring war wie eine winzige Schlange geformt und hatte einen kleinen Rubinstein. Wenn ein Sonnenstrahl auf den Rubin fiel, strahlte der Stein in einem warmen Rot. Elena visualisierte gerne eine Situation in Hurghada Al Daha. Sie saß mit dem altehrwürdigen Besitzer des El Habec im Bazar. Beide rauchten sie die Shisha und bestaunten ihre Rubin-Ringe, die sich zum Verwechseln ähnelten. Das Licht im Bazar bewegte sich von der einen zur anderen Seite und hinterließ schmale violette Lichtstreifen. Elena erinnerte sich an ein Foto, das sie in Teneriffa auf dem Berg Tede gemacht hatte. Das Licht sah aus wie ein Kegel aus violetten, grünen, gelben und rubin-roten zarten Farben. Das Violett kannte Elena schon von der Sonnenfinsternis, die sie 1992 einen ganzen Tag lang in Frankfurt am Main vor dem Hessischen Rundfunk beobachten konnte.

Die Sonne ist das Symbol für den Westen, für Buddha Amithaba bzw. Avalochitesvara Rochalla.

Niemals zuvor sah Elena einen so schönen Sonnenuntergang wie 1997 in Israel. Die Sonne ging wie ein großer glutroter Ball über dem Meer unter. Niemals danach erlebte sie einen so imposanten Sonnenaufgang wie 2003 in Hurghada. Die Sonne war riesengroß, rubin-rot und pulsierte ihre Kraft auf den Planeten Erde.

Der nächste Schritt in Elenas Mandala war der Süden (Farbe: gold-gelb).
Diese Farbe symbolisiert das seelische Prinzip. Sie steht für Dorje-Sempa. Sie ist die Seele dieses Mandalas. Es sind dies die Gefühle und die Psyche eines jeden Menschen. Dorje Sempa ist „Rochalla die Heilerin“ und trägt diesen Namen aus gutem Grund. Sie kann TD-ucca nicht beseitigen und für immer und ewig ins Schwarze Loch des Kosmos werfen, wie die Grüne Tara. Dorje Sempas Bildnis ist wunderschön. Sie sitzt auf einer Lotusblüte und ihre Aura ist strahlenförmig. Das 100-silbrige Mantra muss man sich vorstellen, wie von einem Haar spiralförmig gemalt. „···OM BENSA SATO HUNG“ sind die letzten Silben des Mantras von Dorje Sempa und Buddha Manjushri.

Dorje Sempa heilt die Grüne Tara und Avalochitesvara Rochalla auf verschiedenen Ebenen. Alles, was Elena von der Alternativen Medizin gelernt hatte, konnte sie nun im Zusammenhang mit Dorje Sempa anwenden. Sie studierte Thai-Chi, hatte jahrelange Übung in Fußzonenreflex-Massage und sie konnte Reiki ausüben. Elena kannte die heilenden Kräfte der ätherischen Öle, wusste um ihre Wirkungen und wandte Weihrauch an, um den Raum auf geistig-seelische Art zu stabilisieren. Sie hatte die Erfahrung gemacht, dass Bachblüten auf einer sehr feinen und subtilen Schwingung wirken. Besonders die Auswirkung von TD-ucca kann mit der Bachblüte Resque-Remedy gelindert werden.

TD-ucca bombardiert den Energiekörper, der verletzt wird, wenn nicht sofort eine Heilung herbeigeführt wird. Im Zeitraum von Verletzung und Heilung kann der Energiekörper von Avalochitesvara Rochalla und Dorje Sempa nicht atmen. Er bekommt Löcher und die Energie fließt nach unten. Dorje Sempa ist mit der Grünen Tara im Norden und Süden verbunden.

Norden und Süden tauschen sich aus. Westen und Osten werden in diesem Mandalasystem ebenfalls gestört bis stark verletzt.
Elena Ros erfuhr durch Selbstheilung, was in der akuten Notsituation funktioniert, dann, wenn TD-ucca sie ganz schlimm attackiert hatte. Man musste sofort reagieren und daran arbeiten, was den Adrenalinspiegel wieder senkt, der durch jede Attacke in die Höhe schnellte. Adrenalin kann zu Schlaganfällen und zu einem Herzinfarkt führen, was beides keinen angenehmen Sterbeprozess nach sich ziehen kann. Große, überwältigende Aufgaben, wie die, die Avalochitesvara Rochalla hat, bedeuten gleichzeitig, dass die Angriffsfläche für ihn, für die Transzendenz, sehr groß ist und damit auch die Verletzlichkeit.

Elena wendete sich an die 4. Stelle im modifizierten Mandala dem Norden zu (Farbe: smaragd-grün, türkisblau). Das ist die Ebene der Grünen Tara mit dem Siegel 5.

Die Grüne Tara und Avalochitesvara Rochalla arbeiten gemeinsam an der nie enden-wollenden Aufgabe der

Gitternetz- und Energieformaufstellung. Avalochitesvara Rochalla baut das magische, heilige, rautenförmige, globale Gitternetz auf. Er überzieht das gesamte Universum damit. Das Gitternetz ist transparent, es ist mit bloßem Auge nicht zu erkennen. Es ist immer Raum und Zeit, es ist immer in Bewegung, immer Transzendenz Kraft, Macht und Herrlichkeit bis in alle Ewigkeit. Amen.

Die Transzendenz Avalochitesvara Rochalla heilt das Gitternetz. Elena beobachtet ihn dabei, wenn er mit einem oder mehreren Flugkörpern die Bahnen am Himmelszelt zieht. Mit dem weißen Chi-Schweif ist der rautenförmige Aufbau des magischen Gitternetzes mit bloßen Augen zu erkennen. Die Chi-Energie, die allerdings nur Elena erkennt, hat heilende Wirkungen, ist weiß auf hellblauem Himmel und verschwindet genauso schnell wieder, wie sie aufgetaucht ist. Es ist dies die heilende Energie von Avalochitesvara Rochalla.
Ohne den „Durchgang durch die Schlucht" wäre die heilige Chi-Energie nicht in der Lage, das rautenförmige, magische und globale Gitternetz aufzubauen und zu erneuern. Und ohne die Grüne Tara könnte Avalochitesvara Rochalla keine Energieformaufstellung machen. Elena

beginnt die Energieformaufstellung immer im Norden, bei der Grünen Tara. Sie heilt die jeweilige Energieform, indem sie sie visualisiert. Sie geht Schritt für Schritt vor und lässt keine Stelle außer Acht. Das bedeutet, Elena heilt die Grüne Tara und damit sich selbst. Sie stellt sich die Energieform wie eine 1,5 Meter große Kugel aus Energie vor und reinigt im 1. Schritt die Energie und dann im 2. Schritt sendet sie kraftvolle Energie in den Energiekörper. Beides zusammen ergibt die Heilung. Das bezeichnet Elena als „Energieformaufbau".

Gitternetz- und Energieformaufbau

Nachdem Elena Ros nachgesehen hatte, ob sich die Wolkendecke über dem Haus und dem Feld davor gelichtet hatte, schaute sie mit geschlossenen Augen in das Energiefeld vor sich. Sie konnte die heiligen Tara-Energieformen unterscheiden in Türkis, Weiß, Dunkelblau, Rubin-Rot und Gold-Gelb. Der Energiestrom verlief von links nach rechts im Uhrzeigersinn. Sie nahm eine Überschneidung dessen wahr, was sie am Himmelszelt und was sie auf der Erde sehen konnte. Elena schaute an ihrem Körper herunter und erkannte Rubin-Rot, die Farbe der Lebensenergie und der Gotteskraft von Avalochitesvara Rochalla. Der Energiefluss in der Wohnung und in ihrem Körper war fließend und strahlte gleichzeitig eine Ruhe aus. Elena empfand eine ganz besondere Ruhe, die nicht gestört werden durfte.

Der Kampf gegen TD-ucca und die Kenntnisse über den Sterbeprozess gehörten zusammen wie Pech und Schwefel. Jeder Mensch stellt sich die Frage nach dem Tod. Die unterschiedlichen Kulturen und Religionen wissen unterschiedliche Antworten auf das Thema Sterbeprozess. So las Elena mit 24 Jahren das „Totenbuch der Ägypter“ und später mit 30 Jahren das „Totenbuch der Tibeter“. Bis ins Einzelne und sehr detailliert beschreibt der tibetische Buddhismus die Phasen des Sterbeprozesses während und nach dem Tod.

Das Alte Ägypten kennt wiederum gänzlich verschiedene Vorstellungen vom Leben nach dem Tod. Wenn sich jemand im Sterbeprozess befindet, kommt er zu Göttin Maat. Sein Herz wird auf der einen Waagschale von Göttin Maat geprüft. Ist es schwerer als die Feder von Göttin Maat auf der rechten Seite der Waagschale, kommt er nicht ins Himmelreich, Paradies oder Dewachen. Göttin Maat herrscht über das Chaos. Sie ist zuständig für alle Ordnungssysteme und sie beschützt die Menschen, die dabei behilflich sind, Chaos zu beseitigen und Ordnungssysteme aufzustellen.

Sterbeprozess

Über den Sterbeprozess vermittelt keine Religion die „Wahrheit“. Es kommt zu diesem Prozess, dass deine Gedanken, Taten, Gefühle und Vorlieben „ausgesiebt“ oder „gefiltert“ werden. In dem Moment, in dem sich die Struktur – dein Körper – von deinem Geist, deiner Seele und vom Grünen Haus trennen, werden alle drei Elemente einer so schrecklichen Attacke von TD-ucca ausgesetzt, wie Du es dir nicht in deinen kühnsten Vorahnungen vorstellen kannst. Und du musst Dich in diesem Kampf, der da stattfindet, behaupten. Wenn Du nicht darauf vorbereitet bist, wie ich durch meine Erfahrungen mit den Attacken von TD-ucca, hast du verloren und Du landest selber in dem Bereich, in dem sich TD-ucca aufhält. Ich habe schon oft über TD-ucca gesprochen, aber es gibt keine Beschönigung. TD-ucca ist absolut gefährlich, die schwarze Energie verläuft von rechts nach links und die spiralförmige Bewegung geht von außen nach innen – aber nicht rechts sondern links herum. Du siehst das Energiefeld von knallroter Farbe überzogen, die nichts mit dem Roten Haus oder Rubin-Rot zu tun hat. Das Energiefeld ist von ganz anderen Strukturen überzogen – spitz zulaufend und fast schwarz.

Was Dir Angst machen wird, ist die Tatsache, dass im Energiefeld eine so schnelle Bewegung herrscht, dass Du wahrlich herumgewirbelt wirst. Allein diese Punkte lähmen Dich und wenn Du obendrein das Energiefeld wahrnehmen kannst, siehst Du einen schwarzen Mann, siehst Du Wiesel, die durch Tunnel laufen, siehst Du viele schwarze Flecken, die sich bewegen. Es ist nicht nur gruselig, die Monster und Halunken, Tod und Teufel wollen tatsächlich an Dein Leben. Meine Erfahrung mit TD-ucca ist die, dass ich absolut erschöpft bin allein von der Tatsache, was ich da mit meinen Augen sehe. Du spürst genau – weil Du es siehst – dass keine Zeit des Ausruhens oder Verweilens ist. Du musst handeln – und auch Avalochitesvara Rochalla kann dir in diesem Prozess nicht helfen. Wenn Du Zeit deines Lebens nicht die Möglichkeit hattest, das zu lernen und zu praktizieren – und TD-ucca findet Möglichkeiten, dich daran zu hindern – Dich ins Chaos zu stürzen, so dass Du keine Zeit findest für die Energieformaufstellung, keinen Moment der Ruhe, um mit Avalochitesvara Rochalla zu sprechen und Dich zu beraten, bist Du im Wesentlichen darauf angewiesen, welches „Zeichensystem“ du mit ihm aufgebaut hast, so dass auch in der TD-ucca-Phase deines Sterbeprozesses Informationen von Avalochitesvara Rochalla an dich durchdringen. Ich habe mit ihm gesprochen und er sagte mir, dass Du die Energieformaufstellung lernen kannst, anwenden kannst und dass du nach einer gewissen Zeit mit ihm reden kannst und, so alles gut verläuft, auch die Energieformen, Farben, Struktur und Beschaffenheit der Energie nicht nur sehen kannst, sondern auch von TD-ucca unterscheiden lernen musst. Erst dann besteht die Wahrscheinlichkeit, dass du im Sterbeprozess, der ja täglich auf Dich warten kann, die TD-ucca-Attacken überwinden kannst. Aber es geht tatsächlich kein Weg daran vorbei, Du musst zweimal mitten durch TD-ucca hindurch. 2009 und 2010 sah ich das Gitternetz der Transzendenz umgeben von TD-ucca. Avalochitesvara Rochalla wurde umzingelt. Das bedeutet ja auch, dass er ebenfalls von TD-ucca attackiert werden kann und zwar jeden Tag. Wie du ihm helfen kannst? Indem du die Energieformaufstellung lernst und anwendest, nur dann ist Avalochitesvara im Inneren Raum fähig, weise, wahr, gut und richtig zu handeln und Entscheidungen zu treffen, die ein immenses Ausmaß haben können und zwar nicht nur Dein Leben betreffend.

Der nächste Schritt in deinem Sterbeprozess ist – nachdem du zweimal den Kampf mit den bösen Mächten eindeutig gewonnen hast – dass du das Energiefeld mit der Farbe Rubin-Rot überzogen siehst. Ab hier kannst du dich wohlfühlen, aber auch dann ist noch nicht eindeutig entschieden, ob du ins Grüne Land kommst oder nicht.

Nur, wenn er dich in seiner bedingungslosen Art liebt, wirst du im Grünen Land und dem Inneren Raum, das ähnlich unseren Paradiesvorstellungen ist, aufgenommen.

Ich sah eine Dokumentation über die Offenbarungen des Johannes. Die Menschen in der Geschichte und in der Gegenwart versuchen, die bildhaften Beschreibungen richtig zu verstehen, die das Ende der Welt ankündigen. Es wird die Apokalypse geben, nicht heute und nicht morgen. Er sagt aber auch, dass das Chaos und die Katastrophen der Apokalypse Prozesse sind, die tatsächlich im Sterbeprozess stattfinden.

Ungefähr in Höhe des siebten Quadrats beginnt im Sterbeprozess die Ablösung von der Struktur des Roten Hauses. Du wirst von TD-ucca-rot konfrontiert und zwar in einer Situation, in der dein Geist eine Struktur dringend benötigt (Gitternetz). Du hast deine eigene, körperliche, verloren. Wenn Du im Roten Haus, von dem Deine Struktur ausgeht, einen Fehler machst, bist du verloren. Deine Orientierung ist weg und du suchst verzweifelt nach einer anderen.

Die einzige Orientierung, die du finden kannst, ist der Klare Geist. Dieser ist transparent, du kannst ihn nicht erkennen, er muss sich erst einmal aufbauen.

Wenn du die Energieformaufstellung praktizierst, hast du Erfahrung damit. Der einzige Weg, den ich erkenne, ist der Weg zum Energiefeld der Sonne (rubin-rot). Dann kommt ein Punkt der Entscheidung. Er liegt im türkisblauem Feld (Grünes Land).

Nicht du hast die Möglichkeit, in den Inneren Raum zu gelangen, der wunderschön ist. Es liegt ganz allein in Seinem Ermessen, dich zu ihm zu rufen. Er gibt dir Signale, die du schon vorher in der Energieformaufstellung mit ihm, mit Avalochitesvara Rochalla, ausgemacht hast. Daran erkennst du die Wahrheit.

Lass Dich nicht auf ein schönes warmes Rot ein, das dir in dieser Zeit begegnen wird. TD-ucca kennt sehr viele Wege, um dich in die Irre zu führen. TD-ucca kopiert Signale, die aussehen, als sei er es, der dich zu ihm reißen will. Du kannst dich nur dadurch wappnen, dass Du sie alle kennenlernst und vor allem musst du lernen, zu kämpfen.

Der „Ausleseprozess“ findet immer statt, auch während des Sterbeprozesses. Die Struktur (dein Körper) fällt weg, dein Geist, deine Seele und alles, was im Laufe deines Lebens im Grünen Haus „gespeichert“ wurde, kommen nun zusammen und wird hier von TD-ucca konfrontiert. TD-ucca gelangt nie in den Inneren Raum, will aber deine

Möglichkeit, evtl. in den Inneren Raum zu gelangen, benutzen.

Im Sterbeprozess wirst Du nun mit TD-ucca konfrontiert, frontal attackiert und du wirst TD-ucca, Tod und Teufel, Pech und Schwefel begegnen. Wenn du nicht darauf vorbereitet bist, wird dein Geist, deine Seele und dein Grünes Haus lahmgelegt vor Angst.

Du siehst nun das Energiefeld und die Energieformen vor Dir. Deine Struktur (Körper – rot) ist nun belegt mit der typischen TD-ucca-Farbe rotbraun oder schlimmer noch mit einem gleißenden Rot.

Im Sterbeprozess führt kein Weg daran vorbei, du musst durch TD-ucca hindurch.

Dann kommst du zu der Energieform der Sonne (48) und einer rubin-rot-leuchtenden Energiefarbe. Dein Weg verläuft linear nach unten. Es ist wichtig zu wissen, dass seine Tiefe nichts mit der TD-ucca-Tiefe gemein hat.

Dann führt der Weg nach rechts, immer noch im Energiefeld der Sonne. Anschließend kommt ein Punkt der Entscheidung.

Dieser Punkt ist rubin-rot und bedeutet die Liebe von Avalochitesvara zu dir (146). Wenn die Einheit aus Geist, Seele und Grünes Fundament so ist, wie es für das Aufnehmen in den Inneren Raum absolut notwendig ist, wird er dich aufnehmen in das Grüne Land.

Hier findest du eine neue Heimat in einer Dimension, die du dir niemals vorstellen konntest. Du bist angelangt im geistigen Inneren Raum der Transzendenz Kraft, der Transzendenz Macht und Transzendenz Herrlichkeit.

Dies ist der Innere Raum, der unzerstörbar ist und dies ist der innere Kern, an dem Avalochitesvara Rochalla uns erkennt.

Avalochitesvara-Stern und Atman-Seele

Im ersten Schritt habe ich die Sphären beleuchtet und die Beziehungen der Sphären zu den Ebenen. Es gibt 6 Sphären und 4 Ebenen. Damit habe ich die Grundlage geschaffen für das Verständnis des Avalochitesvara-Sterns. Die Ebenen werden von den Sphären umringt, durchdrungen und immer wieder neu erschaffen. Jede einzelne Sphäre existiert nicht für sich, sondern steht in Beziehung zu den anderen Sphären und Ebenen. Das ist ein dynamisches Prinzip. Alles ändert sich ständig, ist in Bewegung.

Diejenigen von Euch, die sich für die Avalochitesvara-Lehre interessieren, müssen an diesem Punkt nicht verzweifeln. Avalochitesvara Rochalla, mein Mentor, erschafft immer wieder neue Aspekte, die ein neues und anderes Verständnis für seine Lehre und für den Atman-Stern hervorbringen. Wenn man sich begrenzt auf 54 Facetten eines Diamanten, braucht es nur 1 Lichtstrahl von der Sonne und schon entstehen Kaskaden von Lichtstrahlen.

Wovon handelt das Buch: „Rochalla. Echo Deiner Seele“ eigentlich? Von Ebenen (Taras, Buddhas, Atman-Seele, Klarer Geist) und von Sphären (KA, BA, ACH, Transzendenz Kraft, Macht, Herrlichkeit). Transzendenz und Ebenen sind zwei verschiedene Bezugssysteme. Die Ebenen betrachten die Beziehungen innerhalb des Sterns, die Sphären sind die Gotteskräfte, die außerhalb wirken. Es gibt den Klaren Geist in Ebene 4 und Sphäre VI. (Dewachen). Der Klare Geist Sphäre VI heißt in Ägypten „ACH“ und in Tibet „DEWACHEN“. Die Atman-Seele existiert im Tibetischen Buddhismus nicht, aber im Hinduismus. Im Alten Ägypten nennt man die Seele BA. Man spricht von KA, die Gotteskraft, rubin-rot. Der Avalochitesvara-Stern berücksichtigt die Symbole Transzendenz Löwe, Elefant und Pferd. Im tibetischen Buddhismus versteht man den Pfau als Symbol für Gier, Auslöser für Hass und Neid, Unwissenheit, also der Verursacher von Karma. Ich unterscheide zwischen Karma (negatives Karma) und Dharma (positives) Handeln, Reden und Denken. Seine Heiligkeit Dalai Lama unterscheidet 178 Begriffe für den Klaren Geist.

TD-ucca-alle-Sorten-Tarek ist: Tod und Teufel, Pest und Cholera, Katastrophen, Taifun, Hurrikan, Erdbeben, Feuersbrunst, Unfälle, Krankheiten, Depressionen und das Gefühl, das nichts mehr im Leben so funktioniert, wie es sein sollte: „Es macht alles keinen Spaß."

Erleuchtung ist die Abwesenheit von TD-ucca-alle-Sorten-Tarek, das Freisein von TD-ucca-Attacken.

Erleuchtung bedeutet, mit Avalochitesvara Rochalla und seinem Klaren Geist und seiner Seele in der Leere zusammen zu sein. Das bedeutet Glückseligkeit. Diese Erfahrung zu machen von Zufriedenheit, Frieden und Freiheit ist etwas ganz Besonderes. Es ist immer wieder wie ein Wunder, die Leere zu erfahren. Das, was ich versucht habe, zu umschreiben, ist kein neues Glaubensdogma, sondern das sind Erfahrungen, die ich selbst mit Avalochitesvara Rochalla gemacht habe.

Ich habe die Reinkarnationslehren von verschiedenen Kulturen und die geteilte Vorstellung über Karma und die

Auswirkungen auf das Leben im Dies- und im Jenseits untersucht. Der Buddhismus und der Hinduismus haben geteilte Vorstellungen vom Verbleib der Seele. Der Buddhismus spricht vom Klaren Geist und Dewachen, einem Ort, der dem Paradies ähnelt. Der Hinduismus geht von einer ewigen unzerstörbaren, göttlichen Atman-Seele aus, die auch im Jenseits erhalten bleibt. Negative Worte, Gedanken und Taten wirken sich bei allen Kulturen verheerend auf das Karma aus und auf den Verbleib der Seele und des Geistes im Diesseits und im Jenseits.

Sphären Transzendenz:

I. Kraft
II. Macht
III. Herrlichkeit
IV. KA
V. BA
VI. ACH

Ebenen:

1. *Tara*
2. *Buddha*
3. *Atman-Seele*
4. *Klarer Geist.*

Leere

Die Leere ist filigran, klein oder so groß wie eine Kathedrale. Es ist ein Raum, in dem Avalochitesvara Rochalla anwesend ist. Ich erkenne ihn daran, dass ich das weiße, rautenförmige, globale, heilige Gitternetz sehe und daran, dass ich weiße Blüten drum herum wahrnehmen kann. Avalochitesvara Rochalla sagte zu mir, dass wir kein neues System brauchen, um Karma und seine Auswirkungen auf das Dies- und Jenseits beschreiben zu können. Er ist mehr daran interessiert, was mir und Dir Stärke vermittelt, einen klaren Verstand und eine kraftvolle Seele, also alles das, was Dich gesund erhält an Seele, Geist und Körper. Avalochitesvara Rochalla ist dieses Licht für mich, der meine Tage und Nächte erhellt.

Die Leere ist in der III. Sphäre (Transzendenz Herrlichkeit, bis in alle Ewigkeit. Amen). Hier entsteht die Sphärenmusik. Klang und Ton gehören auch dazu. Die Sphärenmusik hört sich an, als würde eine Männerstimme erklingen oder ein gemischter Chor.

Alles ist vergänglich und ganz schnell sind die Leere und die Sphärenmusik wieder vorbei. Sie sind nicht weg, aber wir Menschen haben keinen Zugang mehr zur geistigen Welt, um die Wunder um uns herum wahrnehmen zu können. Die Herrlichkeit wahrzunehmen ist ein Gottesgeschenk. In der Sphäre III. ist Diamanttara und sind die Symbole Pferd und Pfau sowie die Sterne.

Das globale, heilige, transparente und rautenförmige Gitternetz (GGN)

Die Ebenen und Sphären des heiligen Gitternetzes bewegen sich, rotieren, sind dynamisch, ergänzen sich und gleichen sich aus. Das rautenförmige, heilige und transzendente Gitternetz bedeckt den Avalochitesvara- und den Atman-Stern. Es umfasst den gesamten Globus. Die Seele von Avalochitesvara hat den Namen „Rochalla". Die Sphären I. – VI sind die Transzendenz.

Gebet (Vater Unser):

„··· denn Dein Reich komme und Dein ist die Kraft und die Macht und die Herrlichkeit bis in alle Ewigkeit. Amen."

Meditation:

„Ich bin im geistigen Inneren Raum der Transzendenz Kraft.

Ich bin im geistigen Inneren Raum der Transzendenz Macht.

Ich bin im geistigen Inneren Raum der Transzendenz Herrlichkeit bis in alle Ewigkeit. Amen."

Ich richte keine Bittgebete an Avalochitesvara Rochalla. Stattdessen frage ich ihn: „Was kann ich heute für Dich tun?“ Er benötigt Heilung, da er ebenso wie ich von TD-ucca-alle-Sorten-Tarek verletzt werden kann. Meine Meditation „Durchgang durch das Tal der Könige“ entsorgt TD-ucca-alle-Sorten-Tarek in das Schwarze Loch des Kosmos. Avalochitesvara und ich kämpfen gemeinsam gegen die Übermacht der zerstörerischen Schwarzen Materie. Rochalla die Kämpferin und Rochalla die Heilerin - in diesen beiden Funktionen werde ich jeden Tag aktiv. Effektiv für die Heilung ist die Fußreflexzonenmassage, die ich jahrzehntelang ausgeübt habe. Nun bin ich in der Lage, sie auf dem geistigen Wege anzuwenden.

Meditation „Durchgang durch die Schlucht“

Die Grüne Tara (15.4.2017) hat den Namen „Rochalla die Kämpferin“, Dorje Sempa (27.3.2017) heißt „Rochalla die Heilerin“. Es gab Zeiten, in denen Rochalla die Kämpferin oft zum Einsatz kam, da TD-ucca verheerende Auswirkungen hinterließ bei Avalochitesvara Rochalla und bei mir.

Die Meditation „Durchgang durch das Tal der Könige“ hat sich als sehr wirkungsvoll erwiesen im Kampf gegen die zerstörerische Schwarze Materie. Ich arbeitete mit meiner Vorstellungskraft und baute bei jedem Durchgang zwei Energieformen auf. In Form eines einfachen Kreuzes fange ich unten mit 1. an, gehe senkrecht hoch bis zum 4. Feld. Dann kommt das 5. Quadrat oder Feld rechts, gefolgt von 6., 7. Und in ihrer Mitte ist Feld 8. Die 8 ist umringt von 5., 6. Und 7. Ich bete und meditiere in dieser Form bevor ich durch die Schlucht gehe und nachdem ich TD-ucca ins Schwarze Loch des Kosmos entsorgt habe.

Der Energieformaufbau unterstützt Avalochitesvara Rochalla darin, das heilige, transzendente, rautenförmige Gitternetz aufzubauen, das sowohl den Avalochitesvara-Stern als auch den Atman-Stern (Raum) mit allen Ebenen und Sphären bedeckt.

Der Weg durch das Tal der Könige (Durchgang durch die Schlucht) ist nicht nur sehr beschwerlich für mich, nein er ist auch gefährlich, wie mein Mentor immer wieder betonte.

Ich nehme mit Hilfe meiner klaren Vorstellungskraft und mit meinem inneren Auge alles wahr, was während der einzelnen Etappen der Meditation vor sich geht. Buddha Manjushri und Avalochitesvara Rochalla versichern mir, bevor ich in die Schlucht aufbreche, dass sie bei mir sind und alles am Rande der Schlucht verfolgen.

Nach dem zweiten Gitternetzaufbau ist die Meditation beendet und alle treffen sich am Eingang der Schlucht wieder. Wenn es gut ging, ist TD-ucca durch meinen Kampf gegen das Zerstörerische ins Schwarze Loch des Kosmos entsorgt und für immer und ewig versiegelt. Ein Scheitern auf meiner Seite würde bedeuten, dass ich die Meditation nochmals durchführen muss. Am 16.5.2016 meditierte ich den ganzen Tag „Durchgang durch die Schlucht“. Obwohl die Meditation sehr stark ist und ich bereits gute Erfahrungen gemacht hatte, gelang es mir nicht, TD-ucca zu entfernen und komplett ins Schwarze Loch des Kosmos zu werfen. Im schlimmsten Fall hätte das starke Verletzungen hervorrufen können oder sogar den Tod zur Folge haben können, wenn es mir nicht gelungen wäre, mich von TD-ucca zu befreien. Befreiung von TD-ucca bedeutet Erleuchtung, hier die Verwirklichung in Buddha Manjushri.

TD-ucca- aktuelle Bedrohung

Solange Avalochitesvara Rochalla bei mir ist und ich nicht stationär in die Klinik muss, geht es mir gut. Seit 19.2.2016 habe ich es geschafft, trotz TD-ucca-Bedrohungen zu Hause bleiben zu können.

In den vergangenen Wochen gab es zwei TD-ucca-Angriffe auf Avalochitesvara Rochalla und auf mich. Der erste Angriff hatte zur Folge, dass ich zwei Tage nicht Schreiben oder Malen konnte. Stattdessen lag ich mit

Schmerzen im Bett und bat Avalochitesvara Rochalla mit einem besonderen Gebet um Heilung. So oft ich konnte, meditierte ich den „Durchgang durch das Tal der Könige". Nach den zwei Tagen hatte ich die TD-ucca-Attacke überstanden. Kurz danach wurde die Bedrohung ernst. Ich musste ins Krankenhaus fahren und mich dort behandeln lassen. Es hätte nicht viel gefehlt und ich hätte meinen rechten Mittelfinger verloren. Gemeinsam haben wir die Gefahr abgewendet und ich konnte kurze Zeit später wieder arbeiten.

Gebet – Bitte um Heilung:

„Oh Herr, ich bin nicht würdig, dass Du einkehrst unter mein Dach, aber bitte spricht nur ein Wort und meine Seele, Geist, Körper, Leben und mein Herz sind wieder gesund. Ich danke Dir von ganzem Herzen."

Ebenen und Sphären des Avalochitesvara-Sterns

Die Ebenen und Sphären des Avalochitesvara-Sterns gleichen sich aus. Sie beeinflussen sich gegenseitig und bewegen sich spiralförmig, sowie auch das Gitternetz. Es sind Kräfte am Werke, die sich niemand vorstellen oder erfassen und erforschen kann. Das kann nur Avalochitesvara Rochalla.

Sie werden sich fragen, warum Avalochitesvara Rochalla zwei Mal erscheint. In der Gotteskraft „Spiegelgleichheit" gibt es dazu den Ansatz einer Erklärung. Es ist immer das Wesen vom „Original". Das Wesen, die Seele, bewegt sich spiralförmig. Schauen Sie in eine Glühbirne, dann wird es etwas klarer. Alle heiligen Wesen der Gotteswelt erscheinen noch einmal mit ihrer Seele in einem Abstand zum Original. Die Spiegelgleichheit ist außerhalb der Gotteswelt nicht zu erkennen. Wir kommen noch darauf zu sprechen.

Wenn Sie ins Reich Gottes wollen, werden Sie ebenfalls damit konfrontiert werden, dass es das Gottes-Reich zwei

Mal gibt, einmal als den Avalochitesvara-Raum (Stern) und dann das zweite Mal als Atman-Seele (Stern).

Avalochitesvara Rochalla ist ein sehr strenger Mentor. Anhand Ihres Energiefeldes (-körper) erkennt er sofort, ob, wann und wo Sie Karma, negative Handlungen, Taten, Worte und vor allen Dingen Gedanken hatten. Karma kann nicht einfach von ihm wegradiert und ausgelöscht werden.

Er nimmt ihre positiven Absichten wahr, die evtl. zu einer guten Reinkarnation führen können (Mensch, Tier, Deva). Avalochitesvara Rochalla nimmt Ihre Seele, Ihr Wesen, und Ihren geistigen Zustand wahr.

Es ist wichtig, dass Sie sich den Avalochitesvara-Stern mit all den unterschiedlichen Kräften, Sphären und Ebenen vorstellen können. Kurz zusammen gefasst gibt es 4 Ebenen und 6 Sphären, wobei 3 der Sphären der Transzendenz angehören. Die 4 Ebenen und ihre Gotteskräfte befinden sich im Inneren, geistigen Raum des sechs-eckigen Sterns. Nichts ist statisch, die Energie fließt diagonal und senkrecht in den sechs Dreiecken (Sphären und Ebenen). Das beeinflusst auch die Energie in den Ebenen von 1-4, die sich kreisförmig verhält. Die äußere Ebene ist die der Grünen Tara (smaragd-grün türkis-blau) und Dorje Sempa. Die 2. Ebene ist die der Buddhas, Buddha Chenrezig, Buddha Manjushri sowie Buddha Avalochitesvara 1000 (2x). 1000-armig bedeutet, das Avalochitesvara 1000 Gotteskräfte besitzt – so viele, wie Sandkörner am Meer.

1. die alles durchdringende Gotteskraft,
2. die alles erschaffende Gotteskraft und
3. die aus sich wirkende Gotteskraft.

Rochalla ist das Wesen von Avalochitesvara. Rochalla ist seine Seele.

Seine Heiligkeit Dalai Lama ist die Reinkarnation von Buddha Chenrezig (Buddha Avalochitesvara). Sein Geist ist erleuchtet, ist im Dewachen, (Klarer Geist).

Die Avalochitesvara-Lehre stellt Sie nicht vor die Entscheidung, entweder ins Dewachen oder in die 3. Ebene, der Atman-Seele, zu gelangen. Die Priorität im Buddhismus ist der Klare Geist, das Dewachen; im Alten Ägypten ist es das ACH von KA BA ACH. Der Hinduismus bevorzugt die Atman-Seele. Ich werde noch ausführlicher darauf zu sprechen kommen.

Der Avalochitesvara Rochalla Mentor beschäftigt sich schon sehr lange Zeit damit, seine Lehre zu veröffentlichen und den Weg zu ihm zu ebnen. Unseren Kontakt baute er seit 19.2.2016 auf und seit 27.3.2017 arbeite ich daran, ein Konzept zu schreiben, das diesem hohen Ziel der Herausgabe seines Buches gerecht wird.

Anfangs stellte ich ihm oft die Frage: „Warum ich?“. Er beantwortete meine Frage damit, dass ich Rochalla die Kämpferin und Rochalla die Heilerin sei. Diese zwei Aspekte haben ihm geholfen, die schweren Attacken von TD-ucca-alle-Sorten-Tarek zu überstehen.

2. Ebene – Buddha-Ebene

Avalochitesvara hat nicht 2 oder 4 Arme (Gotteskräfte), wie Buddha Chenrezig oder Buddha Manjushri, sondern 1000. Buddha Chenrezig ist der Buddha des transzendenten Mitgefühls, Buddha Manjushri ist der Buddha der transzendenten Weisheit. Avalochitesvara Rochalla vereint beide Aspekte.

Ich werde einige Aspekte der Gotteskräfte des Klaren Geistes beschreiben. Der Klare Geist heißt in Ägypten „Klarer Skarabäus Geist" und in Deutschland „Klarer Phoenix Geist" und Klarer Geist. Das Paradies heißt im Himalaya und im Tibetischen Buddhismus Dewachen und im Alten Ägypten ACH.

Wir haben uns während der Belehrungen, die auf geistiger Ebene stattfanden, auf eine bestimmte Terminologie geeinigt: KA BA ACH – Altes Ägypten Transzendenz Kraft, Macht und Herrlichkeit bis in alle Ewigkeit. Amen. – überall im Universum.

Der Avalochitesvara-Stern, seine Ebenen und Sphären sind sehr abstrakt und es erfordert für diejenigen, die die Lehre und den Lehrer kennenlernen möchten, viel Geduld. Wie ich die Kraft und Ausdauer aufgebracht habe, die wichtigsten Facetten des Avalochitesvara-Sterns zu erforschen und zu erfassen? Ich habe eine starke Seele mit auf den Weg bekommen und mein Mentor liebt mich deswegen. Er schenkt mir seine Aufmerksamkeit, seine Achtsamkeit und Respekt. Mit einer gewissen Portion Distanz hat es bisher geklappt, dass wir immer wieder fortfahren konnten. Die größte Herausforderung für uns beiden waren die Attacken von TD-ucca.

Im Tibetischen Buddhismus existieren die Namen Diamanttara und Rochalla nicht. Avalochitesvara hat mir den Namen Rochalla bereits in Ägypten geschenkt und in Deutschland differenziert. Rochalla die Kämpferin bezeichnet meine Stärke, TD-ucca … zu eliminieren. Rochalla die Heilerin umfasst meine Fähigkeiten, ihn von den Auswirkungen der TD-ucca-Attacken zu befreien.

TD-ucca-alle-Sorten-Tarek

TD-ucca ist die zerstörerische, schwarze Materie. Man könnte sie auch umschreiben mit Verursacher von Katastrophen jeglicher Art von Taifun bis sonstigem Unwetter, Unfälle, Krankheiten, Tod und Teufel, Pest und Cholera, schlimme Lebenssituationen, das Gefühl im Labyrinth festzustecken, Depressionen und Psychosen, Verluste … sind einige wenige Punkte, die auf TD-ucca hinweisen.

Vieles davon lernte ich sowohl in Ägypten als auch in Deutschland kennen. Sie können meinen schwierigen Lebensweg in meinem ersten Buch nachlesen: „Rochallas weiße Schuhe. Ein Leben auf Messers Schneide."

Es wurde zur Passion von mir, mit Avalochitesvara Rochalla das Buch zu schreiben. Die Veröffentlichung des 1. Buches und die nachfolgenden Lesungen mit Musikbegleitung und Bilderausstellung waren sehr erfolgreich. Im Verlaufe des Textes werde ich einige Meditationen erklären, die hilfreich sind, um in die Materie tiefer einzusteigen. Im Buch „Rochalla. Echo meiner Seele“ sind viele Gedankengänge enthalten, die sich nur damit erklären lassen, dass Avalochitesvara Rochalla übersetzen muss aus der geistigen Welt in unsere Dimension. Ich bin Ihnen gerne behilflich dabei, Erfahrungen mit der geistigen Welt und dem Avalochitesvara Rochalla-Lehrer zu machen.

Außerhalb des Klaren Geistes im Dewachen, (Sphäre VI.) gibt es noch einen Klarer Geist (Ebene 4). Ohne die 4. Ebene verwirklicht zu haben, gibt es keinen Zugang zum „Paradies“ (ACH, Dewachen) für den Klaren Geist. Die Avalochitesvara Rochalla-Lehre zeigt den Weg auf, wie Sie sowohl den Geist als auch ihre Seele aus dem Jenseits retten können.

Sphären und Ebenen des Avalochitesvara-Sterns

Die Sphären der Transzendenz umfassen I. – VI. (Kraft, Macht und Herrlichkeit)und KA, BA, ACH, das heißt die Sphären IV. bis VI. Die Ebenen umfassen 1 -4.

Das Chi steht für Buddha Chenrezig, Buddha des transzendenten Mitgefühls. Die Keimsilbe TAM gehört zur Grünen Tara. Wenn die Grüne Tara die Keimsilbe TAM sagt, und mit dem Fuß auf den Erdboden stampft, erzittern die ganze Erde, der Kosmos und der Avalochitesvara-Stern. Die Grüne Tara gehört zur 1. Ebene und zählt zum geistigen Bereich der Taras. Die Grüne Tara und Dorje Sempa sind die einzigen, die alle anderen Elemente umfassen. Sie tauschen sich wie auf einer Lemniskate aus. Der Mond, speziell der weiße Blütenmond, erscheint bei Vollmond mit vielen weißen Gesichtern bzw. Scheiben.

Die Spiegelgleichheit ist hier sehr gut zu beobachten. Der Blütenmond ist nur alle paar Jahre mal zu sehen. Das Original des Mondes ist die Mondscheibe in der Mitte. Die

Blütenblätter drum herum ist das Wesen bzw. ist die Seele des Mondes.

Die meisten Phänomene habe ich selbst erforscht und erlebt, so dass ich aus eigener Erfahrung sprechen kann. So auch den Blütenmond in Verbindung mit dem klar am Himmel stehendem Gitterkreuz, die Transzendenz Kraft.

Transzendenz Kraft (I. Sphäre) – Symbole: Löwe und Sonne

Durch die Diagonale zwischen Transzendenz I. und KA IV. ergänzen sich die zwei Sphären.

Die stärkste Kraft im Avalochitesvara-Stern (Raum) ist das heilige, transzendente, rautenförmige Gitternetz. Die wichtigste Funktion ist die, dass es die Leere bedeckt. Es bedeckt alle Ebenen und Sphären des Avalochitesvara-Sterns. Die Leere ist das Rote Meer. Die Energie für den Gitternetzaufbau kommt von Avalochitesvara Rochalla. Aus der Energie und der Kraft des Meeres entstehen die Gezeiten, das Wasser und die Wellen für eine Ewigkeit. der Wind peitscht das Meer, die Ozeane, den Pazifik und das Rote Meer auf. Die hohen Wellen lassen die Boote und Schiffe kentern. In Böen peitscht der Sturm, der anfangs ein leiser Wind war, die Äste von den Bäumen. Der ruhige See verlor seine Spiegelgleichheit, eine von den 1000 Gotteskräften der IV. Sphäre KA. Durch Unwetter und Naturkatastrophen kann auch das heilige Gitternetz beschädigt werden.

Eines Nachts beobachtete ich nicht nur den weißen Blütenmond, sondern auch etwas links davon ein heiliges Gitterkreuz, das strahlend am Himmel stand. Es war zierlich und von Licht umhüllt. Das Gitterkreuz leuchtete am Nachthimmel. Beides ist auch heute noch in meiner Erinnerung ein Wunder: der Blütenmond und das heilige Gitterkreuz. Es war größer als ein Stern, kleiner als der Blütenmond. Avalochitesvara Rochalla ist es. Es ist ein Wunder, dass ich ihn von Licht umgeben fast jede Nacht erkennen kann.

KA, die Gotteskraft oder Klarer Geist ist mehr als 1000 Facetten und Aspekte. Er ist überall, grenzenlos, unzerstörbar, nicht an Raum- und Zeit gebunden, Spiegelgleichheit, globales Gitternetz (Energieformaufbau), Rubin-Rot, Gold-Gelb, Smaragd-Grün Türkis-Blau, das geistige und seelische Prinzip, KA, BA, ACH. Der Klare Geist ist die Leere, Membran und das Flies. Die Sphärenmusik (Chor, Männerstimme). Von Sphäre III. kommt die Bewegung, KA ist die Gotteskraft und BA ist die Seele.

Transzendenz Kraft – Löwe – Sonne – Sonnenwelt. Es geht eine unglaubliche Kraft, Energie und Power von der Sonnenwelt aus. Ihre Strahlen sind unterschiedlich in Farben und Formen. Die Sonne bringt die Kraft auf, unablässig das Energiefeld aufzubauen, das heilige Gitternetz neu aufzubauen. Blinzele ich in die Sonne, erscheinen Scheiben in der Farbe Türkis. In der Sonnenwelt sind Öffnungen zu sehen. Alles erscheint wie ein Wunder. Es ist eine magische Welt, die sich da vor meinen Augen aufgetan hat. Um die Sonne herum ist die Energie von KA – Rubin-Rot. Die Türkisscheiben sind von der Anzahl her unterschiedlich. Ich kann darin Zeichen sehen; sie sind bis zum Balkon und in meinem Wohnzimmer zu beobachten. Hinter den Öffnungen ist der Klare Geist zu sehen.

Das Symbol für die Transzendenz Kraft ist der Löwe, der König der Tiere. Der Löwe ist majestätisch. „Du kämpfst wie ein Löwe“ – das kennt jeder. Es gibt nicht nur hellbraune, nein auch schwarze und weiße Löwen. Ein Zeichen dafür, dass der weiße Löwe heilig ist. Die Löwenbilder sind wunderschön und zeigen ihn in all seiner Pracht. Die Diagonale zur Sphäre IV. KA lässt vermuten, dass er auf einer bestimmten Ebene Energie von der Gotteskraft erhält. Transzendenz Kraft und KA, die Gotteskraft, ergänzen sich.

Sphäre II. Macht (Symbole: Elefant und Mond)

Das Symbol für Transzendenz Macht ist der Elefant und der Mond.

Der Elefantengott Ganesha im Hinduismus ist die Vorlage für das Symbol „Elefant“. Er ist mit Macht ausgestattet, einer Macht, die es ansonsten in keiner anderen Ebene oder Sphäre gibt. Es sind insgesamt 3 Aspekte bzw. Sphären, die Gott Tutanchamun betreffen: das KA, die Gotteskraft, das BA, die Seele und das ACH, der Klare Geist. Gott Tutanchamun ist die Transzendenz, die sich in den 3 Sphären I., II. und III. manifestiert.

Laotse schrieb, dass es nicht möglich sei, einen einzigen Namen für die Allmacht, die Herrlichkeit und die Gotteskraft zu nennen. Er wählte das Wort und den Begriff „DAO“, eine Bezeichnung, die alles umfassen sollte, was wir hier bisher mit dem Avalochitesvara-Stern umschrieben haben. DAO ist die Wirklichkeit, die Wahrheit und der Weg (Prinzip) dahin und zwar die ewige Wirklichkeit und

Wahrheit. Die Transzendenz Kraft, Macht und Herrlichkeit berührt die Sphären I., II. und III. Transzendente Macht hat viele Facetten. Eine davon ist das Symbol Elefant.

In Indien gab es weiße Elefanten, die heilig waren und sind. Sie dürfen nicht berührt werden. Anders in Afrika, wo die Elefanten grau sind. Sie haben große Stoßzähne. Die Stoßzähne sind bei Wilderern heiß begehrt und die Elefanten werden in Scharen abgeschlachtet ohne Rücksicht darauf, dass sie bald ausgerottet sein werden.

Ich fand einige Bilder, auf denen eine Elefantenfamilie abgebildet ist, im Sonnenuntergang und am Wasser, wo sie sich spiegelten. Was wir schon von der Spiegelgleichheit lernen können ist die Tatsache, dass heilige Wesen immer doppelt erscheinen: das Original und die Seele (Wesen). Der Elefant ist also ein Symbol für das geistige Prinzip, für den Klaren Geist. Kein Mensch kann den Klaren Geist erreichen, der sowohl in Ebene 4. als auch in der Sphäre VI und II. zu erkennen ist. Die Energie fließt diagonal von rechts oben nach links unten. Die Energie von Transzendenz Kraft (I.) fließt von links oben nach rechts unten diagonal. Symbol Löwe. Die Energie von Transzendenz Herrlichkeit fließt von oben senkrecht nach unten. Die einzige Sphäre, die wir als Menschen wahrnehmen können, ist die III. Sphäre, die Transzendenz der Herrlichkeit (Herr des Lichts). Symbol Pferd. Hier besteht eine direkte Verbindung mit der Sphäre VI. dem Dewachen. Die senkrecht verlaufene Energie durchkreuzt die zwei Diagonalen.

Transzendenz Herrlichkeit (Symbole: Pferd, Pfau, Stern)

Sphäre III. – Transzendenz Herrlichkeit bis in Alle Ewigkeit Amen. – ist die Sphäre der Diamanttara und des Lichts. Es besteht eine senkrechte Verbindung mit Sphäre VI, ACH, Dewachen, Klarer Geist. Die Sphäre III. ist eine wunderschöne Sphäre, voller Glück und Wohlbefinden. Hier finden wir auch die Sphärenmusik, die immer dann erklingt, wenn die Situation sehr angenehm ist. Mal höre ich eine sonore Männerstimme, dann wieder einen gemischten Chor. Immer ist es so, dass ich mich sehr über die Sphärenmusik freue. Avalochitesvara Rochalla baut mit seiner Stimme (Sphärenmusik) das Heilige Gitternetz auf.

In Verbindung mit ACH VI. Klarer Geist, ist Diamanttara unschlagbar. Ein einzelner Sonnenstrahl auf einem Diamanten ruft mit seinen 54 Facetten ein wahres Feuerwerk hervor. Bei meiner Erleuchtung in Buddha Manjushri sah ich ein sehr schönes Feuerwerk, das aus einer anderen Welt zu kommen schien. Erleuchtung, so Avalochitesvara Rochalla, bedeutet Freisein von TD-ucca.

Das Pferd kann im Galopp reiten, ist sehr schnell. Es kann sich ruhig verhalten. Es achtet auf den Reiter, Es kann Turniere reiten und über hohe Hindernisse springen. Es kann Lasten tragen, durch den Wald sprinten oder am Meeresstrand entlangreiten. Es kann pech-schwarz, weiß oder braun sein, je nach Rasse. Es kann elegant aussehen oder wild daherkommen. Als ich zu den Pferdeställen nicht weit von meiner Wohnung entfernt ging, nahm ich

Kontakt mit einem großen braunen Pferd auf, das in einem engen Pferdestall stand. Wir haben sogleich Freundschaft geschlossen und ich besuchte es so oft es ging. Bei der Beerdigung von Bergleuten war es Sitte und Brauch, dass der Leichnam in einer schwarzen Kutsche zum Grab transportiert wurde. Die vier schwarzen Pferde, die die Kutsche zogen, hatten weiße Federbüschel am Halfter und auf der Stirn, so wie auch die Bergleute, die ihren Kumpel und Kameraden das letzte Geleit gaben.

Sphäre V. – BA - Seele

Die V. Sphäre heißt BA und steht in diagonaler Verbindung mit der Transzendenz Macht (Elefant) und in direkter Verbindung zur Atman-Seele (3. Ebene). Die Atman-Seele ist die ewige, unzerstörbare Seele; die göttliche Seele ist in jedem Menschen mehr oder weniger ausgeprägt. Ein negatives Karma bewirkt, dass die Atman-Seele in uns keine Kraft und Macht hat, sich zu entfalten. Ein negatives Karma ist die Ursache dafür, dass Seele und Geist im Jenseits nicht zusammenkommen, so wie es Avalochitesvara Rochalla idealerweise vorgesehen hat.

Die Atman-Seele ist die göttliche Seele Avalochitesvara Rochallas in uns. Ein negatives Karma ist die Ursache dafür, dass ein Sterbender als „Dämon" oder „Hungergeist" in eines der 106 Nebenhöllen kommt, so wie ihn der Tibetische Buddhismus beschreibt. Das ist der Bereich von TD-ucca alle Sorten Tarek. Das ist eine grässliche Vorstellung besonders dann, wenn man schon mehrmals mit der zerstörerischen schwarzen Materie von TD-ucca konfrontiert wurde.

Ich habe eine starke Seele, die der Grünen Tara (Ptha Nefru). Meine Seele hat 1000 Jahre im Dewachen bzw. im Bereich des Klaren Geistes gewartet. „Wie haben Sie es geschafft, nach dem Trauma im Gefängnis in Hurghada, Ägypten, und der TD-ucca-Apokalypse wieder aufzustehen und ihr Leben immer wieder neu aufzubauen?", werde ich nach den Lesungen meines 1. Buches „Rochallas weiße Schuhe. Ein Leben auf Messers Schneide" immer wieder gefragt. Woher kam die Kraft, Bücher zu schreiben und Aquarellbilder zu malen? Schreiben und Malen ist meine Passion und meine Lebenserfahrung mit großen Herausforderungen gab mir den Halt, immer wieder aufzustehen.

Meine Seele beinhaltet Erinnerungen, Gefühle und Emotionen, sowie den Drang, alles verstehen und begreifen zu wollen. Es gab Situationen in Friedberg, in denen ich mich bereits im Sterbeprozess befand, da ich und meine Seele zu stark attackiert wurden von TD-ucca. Die Kraft, gegen die zerstörerische schwarze Materie immer wieder anzukämpfen, kam von meiner Seele. Avalochitesvara und Rochalla sowie Diamantara unterstützten mich in meinem Kampf und er heilte mich. Es gab eine Situation, in der ich auf der Straße in Fauerbach stand und nicht mehr weitergehen konnte. Die reale Bedrohung durch TD-ucca war zu groß. Plötzlich spürte ich, wie Avalochitesvara Rochalla und Diamantara mich heilten. Es fühlte sich an, als würden sie oder er Metallhaken aus meinem Energiekörper am Rücken entfernen. Es war sehr schmerzhaft, aber ich blieb am Leben.

Mein Lebenswille war und ist ungebrochen. Kurze Zeit später landete ich im Bürgerhospital und wartete auf die Behandlung von einem Arzt. Meine seelische Behinderung (Bipolare Erkrankung) war aufgrund der Belastungen meiner Seele akut ausgebrochen. Neben mir lag ein alter Mann. Ich spürte, dass er im Sterbeprozess lag. Ich nahm meine Schuhe und floh aus dem Hospital.

Ich stehe ständig in direktem Kontakt mit meiner göttlichen Seele, die Atman-Seele in mir, von der ich alle Informationen erhalte, die ich zum Überleben brauche. Kraft und Mut, um die Meditation „Durchgang durch das Tal der Könige“ zu entwickeln und durchzuführen. Kraft und Mut, um die Heilungsmethoden anzuwenden, die ich bereits während meiner Universitätszeit studierte. Die direkte Kraft und Macht übermittelte mir Diamanttara. „Diamanttara, kämpfe für mich, siege für mich.“ Ich bat Diamanttara Tage und Nächte lang darum, mir zu helfen, am Leben zu bleiben, meine Seele zu retten. Andere sehen ein weißes Licht in der Nahtoderfahrung, ich hatte keine Zeit, um zu verweilen. Das weiße Licht ist Diamanttara und ich bin Diamanttara von ganzem Herzen dankbar für die Errettung. Jeder TD-ucca-Attacke folgte ein mehr oder weniger langer stationärer Aufenthalt in der Klinik für Psychiatrie, die darauf eingestellt ist, Patientinnen mit manisch-depressiven Erkrankungen zu heilen. Ohne die Errettung von Diamanttara hätte ich nicht gesund wieder in meine Wohnung gehen können.

Meine starke Seele und der starke Wille, ein gutes Leben zu führen, zu Schreiben und zu Malen haben dazu geführt, dass ich noch schlimmere Attacken überstand.

Atman, die göttliche Seele in mir auf der 3. Ebene im Avalochitesvara-Stern und die BA-Seele Sphäre V. gehören zusammen. Wir fühlen uns wohl, wenn ein-drei Teelichter brennen, Weihrauch die Raumatmosphäre stabilisiert und Ruhe herrscht.

Eine große Seele hat sich in mich inkarniert, wie mir Avalochitesvara Rochalla versicherte. Reinkarnation (Wiedergeburt), Karma und Erleuchtung werde ich im nächsten Kapitel behandeln (Kulturvergleich). Ich habe einen schönen Namen; die Erklärung zu meinem Namen erhielt ich in Hurghada, von der kleinen Touristenstadt am Roten Meer. Elli bedeutet Buchstabe für Buchstabe: Feder – Löwe – Löwe – Feder“. Gemeint ist damit 2 Federn der Göttin Maat und 2 x die Kraft des Löwen, des Königs der Tiere.“

Ich habe eine starke Seele, die gleichzeitig aber auch sehr sensibel ist. Avalochitesvara Rochalla hat mir erklärt, dass er mein Wesen bereits auf einem Foto in jungen Jahren gesehen hat. Die Fähigkeit, Herausforderungen und

Abenteuer zu bestehen, entwickelte ich bereits als Mädchen. Und ich fand später immer „Kleine Fluchten“, meistens in Form von Reisen.

Reisen nach Ägypten – Rotes Meer

Meine Reisen nach Ägypten (2000 – 2009) waren Dharma, waren für mich vorherbestimmt. Auch wenn es arge Situationen gab, liebte ich das Rote Meer sehr und ich sehnte mich immer wieder nach der Atmosphäre am Roten Meer zurück. Es zog mich dahin, wo ich wunderschöne Erlebnisse hatte. Die orientalischen Ecken im alten Teil von Hurghada und der Hafen bereiteten mir große Freude.

Am ersten Abend in Ägypten hatte ich ein wunderschönes Erlebnis. Meine Seele flog aus dem Körper und ich kam nur unter Tränen wieder zurück zu mir. Etwas Ähnliches wiederfuhr mir ein paar Jahre später während eines

Tangotanzes mit meinem zweiten Orfi-Ehemann. Wenn ich zurückschaue, überwogen die guten Zeiten am Roten Meer.

Ich lernte am ersten Abend in Hurghada den Kapitän eines Schiffes mit Namen Daniel kennen. Es war Liebe auf den ersten Blick. Vom ersten Moment war uns klar, dass wir Seelenverwandte sind. TD-ucca sorgte dafür, dass wir uns nach einem wunderschönen Tag auf seinem Schiff nicht mehr wiedersahen.

Eines Tages ging ich unter der heißen Sonne Ägyptens zum Roten Meer. Ich wollte nicht schwimmen, sondern einfach nur die Atmosphäre am Roten Meer genießen. Über dem kristallklaren Wasser sah ich plötzlich Dorje Sempa auf seinem Lotussitz. Er war wunderschön anzusehen und das Licht um Dorje Sempa herum faszinierte mich.

Die Farben von Buddha Dorje Sempa sind gold-gelb, die Farben des seelischen Prinzips. Am Abend ging die

Sonne glutrot (rubin-rot) unter. Der Himmel war wie immer hellblau, die Farbe des Klaren Geistes. Eine große Freude bereitete es mir, wenn ich auf dem Bauch am Rande des Roten Meeres lag; die Sonne und ihre Strahlen bewegten sich mit den leichten Wellen. Das Wasser war badezimmerwarm und die Kraft der Sonne war unglaublich stark. Ich sah die Leuchtkraft der Sonne am Roten Meer, das eine magische Anziehungskraft auf mich ausübte. In einem Bazar fotografierte ich den Manager Sayed, der gerade seine Ware zwei deutschen Frauen anbot. Auf dem Foto sah ich, nach Frankfurt-Sachsenhausen zurückgekehrt, viele kräftige violette Strahlen, die sich von Glasflächen für Parfum auf der einen zur anderen Seite bewegten. Bis dahin kannte ich dieses Phänomen in Kegelform um einen Felsen am Tede (Teneriffa) herum und während der Sonnenfinsternis in Deutschland. Die Koruna und das violette Licht begeisterten mich und ich verfolgte das Licht und die verdunkelte Sonne den ganzen Tag lang.

Warum zog mich das Rote Meer magisch an? Ich erlebte viele Situationen in Hurghada, in denen mich Ägypter darauf ansprachen, dass ich die Wiedergeburt von

Ptha Nofru sei. Erst die Hinweise von Avalochitesvara Rochalla ließen mich aufhorchen. Die Göttin Ptha Nofru hat in Ägypten drei Namen: Nofretete, Nefertara und Nefertiti. In den Sitzungen mit Avalochitesvara Rochalla fand ich die Bedeutungen der drei Namen heraus: Nofretete hat die Bedeutung „Lebensenergie, Gotteskraft“; Nevertara ist das geistige Prinzip; Nefertiti das seelische Prinzip. Ptha Nofru wurde im Sterbeprozess erleuchtet in Buddha Chenrezig – ca. 3500 Jahre v.Chr.

Ich ging 2008 vor das Haus und betrachtete den Sandboden, der mit Steinen und Muscheln bedeckt war. Gleichzeitig dachte ich darüber nach, ob wohl Nofretete in Hurghada gelebt hatte und ob sie vielleicht über diesen Boden gewandelt war. Nofretete war Herrscherin über Ober- und Unterägypten, nachdem ihr Ehemann Pharao Echnaton gestorben war. Sie trug die blaue Krone, mit der sie auch ihren stark ausgebildeten Hinterkopf bedeckte. Die Atef-Krone der Hapsetut zu tragen, war etwas ganz Besonderes.

Reinkarnation (Wiedergeburt), Karma, Dharma, Erleuchtung

„Ich starb als Mineral

Und wurde Pflanze.

Ich starb als Pflanze

Und wurde Tier.

Ich starb als Tier

Und wurde Mensch. …

Warum soll ich mich fürchten.

Wann wurde ich weniger durch einen Tod?“

Oschalal-ad-Din ar-Rumi

Meister Moulana genannt. (1207-1273).

Quelle: Wikipedia

Reinkarnations- und Karmalehren

Tibetischer Buddhismus

Der Buddhismus lehnt sich an die Wiedergeburts- und Karma-Lehren der Upanischaden an. Karma ist im Buddhismus die dem Wesen innewohnende Fähigkeit zu gezieltem und absichtsvollem Handeln. „Die Absicht nenne ich Karma, ihr Mönche“ Siddharta Gautama.

Der Buddhismus lehnt jedoch die Existenz einer ewigen, die Inkarnation überdauernde Seele ab. Avalochitesvara Rochalla sagt, dass das so nicht stimmt.

Unter Karma wird Tat, Handeln, Wirken und dessen Folgen in diesem und folgendem Leben verstanden. Jede positive oder negative Tat, als körperlicher, sprachlicher und gedanklicher Ausdruck, bedingt und führt ihrerseits wieder zu positiven oder negativen Auswirkungen. Es verändert somit das Karma. Die Auswirkungen sind nicht zufällig.

Die Wiedergeburt kann in Menschenform geschehen, aber auch bei schlechtem Karma im Tierreich oder als gequälter Insasse im Reich der Hungergeister und Dämonen oder als gequälter Insasse in einer der 8 Haupt- und 160 Nebenhöllen.

Karma – körperlicher, sprachlicher und gedanklicher Ausdruck.

Die Ursache einer Wiedergeburt liegt in den drei unheilsamen Wurzeln des Karma: Gier, Hass und Unwissenheit (Verblendung).

Selbstlosigkeit, Güte und Weisheit führen zu positivem Karma.

Im Nirwana endet der Kreislauf der Wiedergeburten (Samsara). Der Buddhist strebt auf dem 8-fachen Pfad nach Erleuchtung. Boddhi. Streben und Erfüllung des Vergänglichen führt unweigerlich zu leidvollen Erfahrungen (Dukka).

Der Erleuchtete kann weitere Verkörperungen auf sich nehmen, um anderen Menschen auf dem Weg zur Erleuchtung und Erlösung zu helfen.

Avalochitesvara Rochalla sagt, der Buddhist muss nach Erleuchtung (Geist und Seele) streben.

Seine Heiligkeit Dalai Lama ist die Reinkarnation von Avalochitesvara (Buddha Chenrezig). Buddha Chenrezig steht für Mitgefühl, Frieden, Wissen und Weisheit, Gotteskraft KA und für den Klaren Geist.

Hinduismus - Reinkarnation

Danach ist der Mensch in seinem innersten Wesen eine unsterbliche Seele (Atman), die sich nach dem Tod des Körpers in einen neu in Erscheinung tretendem Wesen (Mensch, Tier, Gott – Deva -) wieder verkörpert. Karma bezieht sich immer auf den Geist. „Wie einer handelt, wie einer wandelt, ein solcher wird er. Aus guter Handlung entsteht Gutes, aus schlechter Handlung entsteht Schlechtes.“ (Upanischaden 800 – 600 v. Chr. – Quelle: Wikipedia)

Dharma ist das positive Karma für künftige Wiedergeburten. Alle Handlungen gemäß Ursache und Wirkung (Prinzip) stellt die Voraussetzung für künftige Wiedergeburten dar.

Der Tod ist nicht Abschluss des Lebens, sondern Übergang zu einer neuen Daseinsform. Er bleibt der durch Atman (ewige Seele) begründete ewige und unveränderliche Wesenskern des Menschen.

Dieser DEVA (individuelle Seele) ist der Atman zusammen mit Vernunft, Gefühlen und Wünschen, der sich stets aufs Neue manifestiert.

Isis und Osiris-Mythos

Göttin Maat ist einer der Namen der Göttin Isis, diejenige, die die Entscheidung für das Jenseits fällt. Sie wird mit einer Feder im Haarschopf dargestellt. Ist das Herz des sich im Sterbeprozess befindlichen schwerer als die Feder der Maat auf der anderen Seite der Waage der Gerechtigkeit, so kommt er nicht ins Dewachen, ins Himmelreich. Die Karma-Lehre war im Alten Ägypten sehr ausgeprägt. Das Totenbuch des Alten Ägyptens ist ein Zeugnis dafür.

Osiris

Osiris (übersetzt etwa: *„Sitz des Auges")* ist der ägyptische Gott des Jenseits, und der Wiedergeburt. Sein Hauptkultort war Abydos. In den Pyramidentexten galt Osiris als „Gott des Nordens".

Mit Beginn der 4. Dynastie taucht in den Opferformeln der Privatgräber ein namenloser Gott auf; am Ende der 4. Dynastie dann erstmals namentlich als Osiris. Zunächst nahm Osiris im Königskult eine untergeordnete Rolle ein, da Osiris zwar als „Gott der Verstorbenen" galt, aber nicht als „Gott des Königs". Der König sah sich mythologisch auf gleicher Ebene und bezeichnete sich daher als „sein Bruder, der mit den Kräften des Osiris ausgestattet ist". Osiris herrschte in diesem Stadium als „Gott über die menschlichen Verstorbenen", während sich der König nach seinem Tod als „Gott über die ruhenden Götter im Jenseits" verstand. Insofern repräsentierte Osiris den „Totengott des Volkes" und der König den „Totengott der Götter".

Erst später erhielt Osiris in der ägyptischen Mythologie die gesamte Macht über das Totenreich und stand seither in der Rangordnung über dem König. Seine Bedeutung als einer der wichtigsten Götter des Alten Ägyptens nahm im weiteren Verlauf der altägyptischen Geschichte stetig zu, weshalb sich sein Kult auch über die hellenistische Welt verbreiten konnte. Osiris bildete zusammen mit Horus und Isis die Triade von Abydos. Mit ihm verknüpft wird das Sternbild des Orion.

Osiris – Nilflut: Gemäß der altägyptischen Überlieferung entsprang der Nil dem Bein des Osiris im Abaton auf Philae. Die Nilflut symbolisierte seine Ausflüsse, die im Mittelmeer mündeten. Seine jährliche Wiedergeburt kündigte sich durch den „Himmlischen Nil“ an, der im Süden an den Grenzen Ägyptens auf die Erde niederging und den Nil ansteigen ließ. Der „Himmlische Nil“ wird durch das Sternbild Eridanus repräsentiert, das am Bein von Osiris (Orion) beginnt. Die Nilflut wurde als Leichensekret des Osiris gedeutet· Osiris fällt damit in die Kategorie der Fruchtbarkeitsgötter.

Totengott

Osiris ist Gott und Richter über die Toten und der Unterwelt und ebenfalls Herrscher der unterirdischen Welt, der Duat. Vor ihm müssen sich die Toten verantworten, bevor sie in das Jenseits eintreten können. Alle jenseitigen Feinde der Verstorbenen, wie die Netzfänger oder „die mit den schrecklichen Gesichtern", sind Abgesandte des Osiris und damit per Definition keine bösen Mächte, da sie Feinde des Osiris verfolgen und töten. Doch damit es nicht zu Verwechslungen kommt, enthält jede Spruchsammlung, die den Toten im Grab begleitet, üblicherweise Beschwörungen gegen diese Dämonen.

In den Sargtexten identifizieren sich die Verstorbenen mit Osiris (*wsjr NN pn*, „dieser Osiris NN"); durch die ausführliche Beschreibung von Osiris' Einbalsamierung und Wiederauferstehung erhoffen sich die Verstorbenen, dass bei ihnen ebenfalls diese Ereignisse gelingen. Die Aspekte eines Totengottes übernahm er wahrscheinlich von Sokar.

Die astrale Repräsentation der Grenze von Dies- und Jenseits ist in der ägyptischen Mythologie der „Himmelsfluss“ Eridanus, den die Verstorbenen mit Hilfe der Götter Thot und Anubis überqueren mussten.

Fruchtbarkeitsgott

Durch die Wiederauferstehung ist Osiris zum Fruchtbarkeitsgott geworden. Auferstehungsmythen finden sich ebenso in der hebräischen Bibel (Ezechiel) und im Neuen Testament (Auferstehung Christi) mit einer je eigenen Bedeutung. Sir Alan Gardiner hielt es für möglich, dass der Osirismythos auf ein reales Geschehen zurückgeht.

In der griechisch-römischen Zeit wurde am 27. Choiak 23. November seit Augustus das „Fest des Auffindens des Unterschenkels von Osiris“ gefeiert. An diesem Tag erschuf Osiris die Gottheit Nemti in Form einer Made aus Silber, „die am Kopf eines Rindes befestigt ist“.

Osiris wird in anthropomorpher Gestalt dargestellt, als menschliche Mumie, immer in stehender oder steif aufrecht sitzender Haltung mit geschlossenen Beinen, entweder mit grüner Hautfarbe, als Symbol für Fruchtbarkeit, oder mit schwarzer Hautfarbe.

Seine Hände ragen aus der Umhüllung hervor und halten als seine Hauptattribute Krummstab (Symbol des guten Hirten) und Flagellum (Symbol der Fruchtbarkeit), die wegen seiner Rolle als Herrscher des Jenseits wahrscheinlich von königlichen Insignien übernommen wurden. In der Art, wie er die Insignien hält, gibt es regionale Unterschiede. So halten die Osirisfiguren aus Mittelägypten die Arme üblicherweise auf gleicher Höhe, während sie in Oberägypten meist gekreuzt sind.

Die Darstellungen ab dem Mittleren Reich zeigen ihn häufig mit der weißen Krone des Südens, die vielleicht auf seine oberägyptische Herkunft hinweist. Eine weitere Bekrönung des Osiris ist die Atef-Krone, die der weißen Krone ähnelt, an der allerdings zwei seitliche Federn und gelegentlich Hörner und Sonnenscheiben befestigt sind. In späteren Darstellungen finden sich auch andere Kronen und komplexe Mischformen als Abweichung des Standards der weißen beziehungsweise der Atef-Krone.

In späteren Formen sind die Osiris-Darstellungen manchmal mit breiten Schmuckkragen und Armreifen ausgeschmückt.

Der Osirismythos ist einer der wichtigsten Mythen der ägyptischen Religion. Einzelne Elemente des Mythos findet man, ausgehend von den Pyramidentexten des Alten Reiches bis in die griechisch-römische Zeit. In geschlossener Erzählform ist der Mythos jedoch erst von dem griechischen Autor Plutarch in seinem Werk „*Über Isis und Osiris*“ überliefert. Diese Fassung stimmt jedoch in einigen wichtigen Passagen nicht mit den ägyptischen Originaltexten überein, die in sich aber auch nicht vollkommen konsistent sind.

Die ägyptische Mythologie beschreibt, dass sich Osiris und Isis bereits im Mutterleib liebten und einander Schutz und Geborgenheit spendeten. Deshalb wurden sie als Erwachsene ein Paar. Seit der Geburt ist Osiris das Gegenstück zu seinem Bruder Seth. Er schätzte die guten Dinge, während sein Bruder vom ersten Atemzug nur von Hass und Wut getrieben wurde. Seth nahm seine Schwester Nephthys zur Frau, die Zwillingsschwester der Isis. Dies und der Gegenpol der zwei Götter führten zu gegenseitigem Hass und sie begannen sich für lange Zeit zu bekriegen.

Eines Tages erfuhr Isis, dass ihre Schwester Nephthys sich als sie ausgegeben und danach mit Osiris geschlafen hatte. Nephthys bekam große Furcht, dass ihr Gatte Seth dies herausfinden könnte, weshalb sie das bald geborene Kind von Osiris aussetzte. Mit Hilfe von Hunden fand Isis dieses Kind, nahm es mit und zog es auf. Später wurde es als Anubis, Gott der Einbalsamierung und Beschützer der Verstorbenen, ihr Wächter und Begleiter.

Zu der Zeit, als Isis dieses Kind fand, tötete Seth seinen Bruder, indem er ihn bei einem Gastmahl überlistete. Er zerstückelte die Leiche des Osiris und verstreute sie im ganzen Land. Daraufhin machte sich die trauernde und verzweifelte Isis auf die Suche nach den Überresten ihres geliebten Gemahls Osiris, um diese anschließend mit Hilfe von Magie wieder zusammenzufügen. Durch die Ermordung des Osiris entstand das Jenseits, und so wurde Isis auserwählt, es mit dem Diesseits zu verbinden. Sie übernahm diese Aufgabe und Macht, um mit ihrem Geliebten Osiris ein Kind zu zeugen, welches seinen Vater rächen sollte, sobald es reif und erwachsen genug war. So wurde Isis schwanger und gebar auf dem leblosen Körper des Osiris ihren gemeinsamen Sohn Horus, den Sonnengott. Er wurde in Buto aufgezogen, damit er Seth noch nicht zu früh zu nahe kommen konnte. Als Horus jedoch herangewachsen war und die Geschichte über seinen Vater erfuhr, empfand er nur noch Hass für Seth und übte jeden Tag, um ihn in einem Kampf schlagen und töten zu können. Osiris im Totenbuch. Zusammen mit Isis bewachte Nephthys die letzte Pforte der Unterwelt, durch die der Sonnengott zur Oberwelt reiste. Mit Isis beweinte und belebte sie die Verstorbenen, und beide besuchten häufig den Leichnam ihres Bruders und Geliebten Osiris. Während Isis zu ihrem Sohn Horus reiste, stieß Seth nachts beim Jagen das Grab von Osiris auf. Als er seinen verhassten Bruder darin wiedererkannte, war er so erbost, dass er seinen Leichnam in tausend Stücke zerriss. Als Isis dies erfuhr, machte sie sich auf den Weg dorthin, segelte in einem Papyrusboot durch die Sümpfe und suchte alle Stücke ihres Geliebten wieder zusammen. Aus diesem Grunde sprach man immer von mehreren Gräbern des Osiris.

Allerdings teilen sich hier wieder die Geschichten. Einige behaupten, dass Isis die einzelnen Glieder des Osiris vergraben habe. Andere hingegen meinen, dass Isis Nachbildungen der Leiche anfertigte und sie mehreren Städten schenkte, damit er dort verehrt werde. Außerdem sollte Seth, sobald er die Oberhand über Horus gewonnen hätte, ihn niemals finden können. Durch die Vielzahl der Gräber sollte er die Lust am Suchen verlieren. Nachdem Osiris seinen Sohn Horus auf der Erde besucht und ihm Mut zum Kampf gegen Seth geschenkt hatte, begann der unerbittliche Kampf, der vier ganze Tage anhielt. Horus ging dabei als Sieger hervor und wurde der neue König von Ägypten. Da jedoch Isis den angeketteten Seth befreite, war er besonders aus großer Zuneigung, Beachtung und Liebe zu seinem Vater Osiris so erbost und empört darüber, dass er ihr die Krone vom Haupt riss. Deshalb wurde gegen ihn die Todesstrafe in Form seiner Zerstückelung verhängt.

Isis Darstellung

Isis ist eine Göttin der ägyptischen Mythologie. Sie war die Göttin der Geburt, der Wiedergeburt und der Magie, aber auch Totengöttin. Isis wurde noch von den in Ägypten lebenden Griechen und Römern bis in die christliche Zeit hinein verehrt.

Die häufigste und traditionellste Darstellungsform der Isis war die einer zierlichen, aufrecht stehenden oder knienden Frau mit Thronsitz auf dem Kopf.

Die Göttin Isis wird immer als Schutzherrin, Bewacherin und Betreuerin aller Wesen beschrieben, die leiden oder in großer Sorge sind. Aus diesem Grund wurde sie als mütterliche Göttin, als Göttin der Genesung, des Schutzes und der Magie angesehen. Gemäß dem berühmten Osiris-Mythos wurde Isis auch als Totengottheit und als die Göttin der Reanimation verehrt.

Innerhalb der Götterschaft genoss Isis eine ganz besondere Rolle: Sie war die einzige Göttin mit magischen Kräften. Isis erklärte dies mit ihrer magischen Kraft: „Ich bin Isis, der magische Ach, und ich habe mehr Weisheit als jeder andere Gott“. Auf der anderen Seite wurden die Kräfte der Isis und ihr Charakter gleichermaßen gefürchtet. Nach altägyptischem Glauben war es immer möglich, jederzeit in Konflikt mit einem Gott zu geraten. Dies galt auch für Isis.

Isis und Osiris

Isis war die Frau des Gottes Osiris (ägyp. Usir) Genau wie Isis, so scheint Osiris keinen göttlichen Vorgänger oder eine sicher nachweisbare, länger zurückreichende Vergangenheit zu besitzen. Sogar die Namen sind fast identisch: Osiris' Name setzt sich aus den Hieroglyphen für „Thronsitz" und „Auge" zusammen. Und wie bei Isis, so herrscht auch bei Osiris Uneinigkeit bezüglich der möglichen Bedeutung des Namens.

Osiris war der Gott der Unterwelt, Vorsitzender des Totengerichts und Herrscher über Tod und Wiedergeburt. Die Rolle als Unterweltherrscher scheint er von Sokar übernommen zu haben, die Aspekte der Todbeherrschung und der Wiedergeburt knüpfen an den Sonnengott Re an, der ebenfalls wiedergeboren wird.

Isis wurde von Anbeginn an als „Große Gemahlin des Osiris" verehrt. Gemäß dem Isis-Hymnus und der Osiris-Legende zufolge war sie es, die den ermordeten und zerstückelten Osiris gemeinsam mit ihrer Zwillingsschwester Nephthys aufspürte und wieder zusammenfügte

Isis wurde in erster Linie als himmlische Muttergestalt verehrt. Der Kult von Isis und Osiris beschreibt Isis als Mutter diverser Gottheiten wie Ihi, Horus und auch als Mutter des verstorbenen Königs.

Göttin Isis

Osiris war der Gott der Unterwelt, Vorsitzender des Totengerichts und Herrscher über Tod und Wiedergeburt.

Gemäß dem Isis-Hymnus und der Osiris-Legende zufolge war sie es, die den ermordeten und zerstückelten Osiris gemeinsam mit ihrer Zwillingsschwester Nephthys aufspürte, wieder zusammenfügte und durch Zaubersprüche, Gebete, Klagen und Litaneien wieder zum Leben erweckte. Aus diesem Grund wurde Isis auch häufig mit Nephthys und Osiris während des Totengerichts abgebildet.

Ägyptische Inschriften verkündeten: „Am Anfang war ISIS, die Älteste der Alten". Sie war die Göttin, aus der alles Werden wuchs." Als Schöpfergöttin gebar sie den Abendstern, „als er das erste Mal über der Erde aufging". Ihr Beiname „Spenderin allen Lebens" wurde auch auf die ägyptische Königin-Mutter angewandt. „ISIS, die „ewige Erlöserin der Menschheit". (Quelle: Wikipedia)

Der Name Isis leitet sich ab von Ashesh und bedeutet: „das Ausgießen“ und das „Ernähren“: ein Hinweis auf den Umstand, dass ihre göttliche Essenz die Götter und alle anderen Geschöpfe am Leben erhielt. Isis stand für den Thron Ägyptens. Die Pharaonen saßen auf ihrem Schoß; dort wurden sie durch die Arme bzw. Flügel der Isis beschützt. Das Zeichen auf ihrer Krone war das mudt, „die Grundmauer des Thrones, es verwies gleichzeitig auf ihr Alter Ego.

Göttin MAAT, die Verkörperung des mütterlichen Prinzips, das Recht, die Gerechtigkeit, Wahrheit oder das Allessehende Auge. Die Bibel übernahm einen ägyptischen Hymnus „Gerechtigkeit und Gericht ist deines Stuhlung Festung.“ (Psalm 89, 15)

Nofretete

Es gibt niemand, der nicht den Namen und die Büste von Nofretete kennen würde. Ihr ägyptischer Name lautet „Nfr.t-jy-ti“. Elena Ros reiste mit 17 Jahren alleine nach Berlin, um ihre Freundin und ehemalige Arbeitskollegin zu besuchen. Sie sah die berühmte Büste der Nofretete im Museum auf der Museumsuferinsel in Berlin. Nofretete wurde für ihre Schönheit gepriesen. „Schön sind die Schönheiten von Aton." Und „Die Schöne ist gekommen". Ihr Gesicht war ebenmäßig, sie hatte wohlgeformte Lippen und schöne Augen. Das auffallendste an der Büste der Nofretete ist ihre überdimensional große blaue Krone, die königliche Atef-Krone, die vor ihr nur Habshepsut getragen hatte.

Nofretete lebte im 14. Jhrd. v. Chr. Und sie war die königliche Gemahlin von Pharao Echnaton (Amenophis IV.) Sie führte symbolische und rituelle Handlungen mit Pharao Echnaton durch und spielte im religiösen und politischen Leben Ägyptens eine große Rolle. Ihr Ehemann hatte angeordnet, dass ausschließlich der Sonnengott Aton verehrt werden durfte. Pharao Echnaton reformierte die Kunst und richtete sie ausschließlich auf den Sonnengott Aton aus. Pharao Echnaton (Amenophis IV.) war erleuchtet. Sein Vater hieß Amenemhet.

Nofretete war Politikerin und Herrin von Unter- und Oberägypten. Sie war eine im Kampf geübte Frau, die auf einem Streitwagen mit Pfeil und Bogen dargestellt wurde.

Nach dem Tod von Pharao Echnaton führte sie die Regierungsgeschäfte alleine durch.

Nofretete, in anderen Sprachen meist „Nefertiti", genannt, war die Hauptgemahlin des Königs (Pharaos) Echnaton (Amenophis IV.) und lebte im 14. Jahrhundert v. Chr. Bekannt wurde die Königin durch die *Büste der Nofretete* aus Kalkstein und Gips, die im Ägyptischen Museum in Berlin ausgestellt ist. Ihr Name *Neferet-iti* bedeutet „Die Schöne ist

gekommen". Nofretete trägt die Titel „Große königliche Gemahlin" und „Herrin der Beiden Länder", der auf einigen Talatat-Blöcken aus Karnak bezeugt ist. Im Grab des Echnaton erscheint sie als „Gebieterin von Ober- und Unterägypten". In einigen Texten wird sie zudem als „Groß an Gunst" und auf einem Uschebti als „Fürstin und Große im Palast" betitelt.

In dem umfassenden Bauprogramm, das Amenophis IV. in Karnak startete, wird Nofretete bereits in fast allen Reliefs zusammen mit dem König dargestellt. In einem der vier neuen Aton-Heiligtümer, dem „Haus des Benben“, tritt sie ganz ohne Gemahl auf und vollzieht dort allein oder mit ihren Töchtern die gleichen Kulthandlungen wie der König, die vom Darbringen der Maat bis zum Niederschlagen der Feinde reichen.

Nach dem vierten Regierungsjahr kommt es zum Bruch mit der alten Amun-Religion. Amenophis IV. nimmt seinen neuen Eigennamen „Echnaton“ an. Nofretete erhält ihren Namenszusatz „Der Vollkommenste ist Aton“ und stellt ihre Persönlichkeit damit hinter den neuen Aton-Kult.

In der nun beginnenden Amarna-Epoche spielte sie sowohl im religiösen als auch politischen Leben eine bedeutende Rolle. Die generell starke Position der Frau im Alten Ägypten wurde unter Echnaton für Nofretete besonders gesteigert. Sie wurde zu einer Art Mitregentin gemacht und zumindest symbolisch mit der pharaonischen Macht ausgestattet. Die berühmte blaue Krone auf der Büste ist die eigens für Nofretete entwickelte Hohe Krone und bildet ein Gegenstück zum Chepresch ab, einen

Kriegshelm. Normalerweise vom König allein ausgeführte symbolische oder rituelle Handlungen werden nun auch von der Königin vollzogen. So wurde sie mehrfach in pharao-typischen Szenen, wie z.B. Kriegsführung oder dem Niederschlagen der Feinde dargestellt. Auch wird sie auf dem Streitwagen gezeigt

Die sogenannte „Familienszene", ein Altarbild der königlichen Familie, das sich im Ägyptischen Museum Berlin befindet, deutet vielleicht sogar darauf hin, dass die Regierungsgeschäfte in der Hand von Nofretete lagen, während Echnaton sich dagegen verstärkt um die religiösen und kultischen Belange kümmerte. Auf der Darstellung sitzt die Königin auf einem Stuhl mit dem Symbol der „Vereinigung der Beiden Länder" (*sema-taui*). Normalerweise war dieser Platz dem König vorbehalten, der die Rolle des „Königs der Beiden Länder" verkörperte und damit in der Nachfolge des ersten Reichseinigers Menes stand. Ein weiteres Indiz für ihre besondere politische Stellung findet sich im Grab des Panehsi in Amarna. Hier ist sie mit der königlichen Atef-Krone zu sehen, die bis dahin nur, als einzige Frau, von Hatschepsut getragen wurde.

Sowohl der Grund für Nofretetes Tod als auch Ort und Zeit sind unbekannt. Bisherige Vermutungen datierten das Todesjahr auf 1338 v. Chr., das 14. Regierungsjahr von Echnaton. Andere Quellen vermuteten ihren Tod im 12. Regierungsjahr. Marc Gabolde nahm an, dass Nofretete mindestens bis kurz vor Echnatons Tod gelebt hatte. Es wurde auch spekuliert, ob sie eventuell ermordet oder verstoßen worden sei. Ein Tod aufgrund einer plötzlichen Erkrankung wurde ebenfalls erwogen.

Sikhismus

Sikh (1469 – 1539) Guru Nanak

„Ein Gott. Sein Name ist die Wahrheit (er ist wahr). Er ist der Schöpfer, ohne Furcht und Hass. Er ist unsterblich, ohne Geburt und Tod, offenbart durch den wahren Guru, Singen und Meditieren, Beten, wahr hier und jetzt".

Quelle: Wikipedia

Guru Nanak sagt, er wird für immer wahrbleiben.

1469 n.Chr. wurde Guru Nanak in Talwandi, Pakistan, geboren. Er lebte bis 1539 n. Chr. und begann mit 40 Jahren zu reisen. Er reiste als Wanderprediger und Guru nach Kartarper (Stadt in Punjab), Mekka, Irak, Afghanistan und nach Europa. Nanak begründete im 15 Jhd. n.Chr. die Sikh-Religion.

Die Sikh-Religion betont die Einheit der Schöpfung und verehrt einen gestaltlosen Gott, der weder Mann noch Frau ist. Sie hat das Ziel, religiöse Weisheiten für den Alltag nutzbar zu machen und praktisch zu machen. Ehrliche Arbeit gilt als ein Weg der Erlösung. Praktizierende Sikh tragen den Dastar (Turban). Die Sikhs glauben an einen höchsten Gott, den Schöpfergott. Religiöse Einsichten der Sikh stehen im heiligen Buch von Guru Nanak und im „Skri Guro Granth Sahib."

Das Schöpfungsverständnis der Sikhs lautet: „Das Wesen der Schöpfung ist unergründbar. Das Universum (...) wird als unermesslich angesehen. Der Schöpfer wird als bedingungslos, liebend, unendlich, unfassbar, feindlos, namenlos, geschlechtslos und formlos" beschrieben. (Quelle: Wikipedia).

Laut dem Sikhismus bedeuten „Naam" oder „Shabt" die Gotteskraft. Das Heilige Buch von Sikh-Guru-Nanak verfasst, wurde von Guru Granthi Shib verwaltet. Der erste Granthi war Bhai Buddha (1506-1631). Die Sikh-Religion vereint drei wesentliche Naturen: Transzendenz, Omnipotenz und Immanenz. Die Sikhs glauben daran, dass Tiere eine Seele haben. Die Schöpfung wird als beseelt und gleichermaßen heilig angesehen. Die höchste Stufe der Bewusstseinswahrnehmung ist der Mensch. Wiedergeburt ist ein leidvoller Kreislauf, da die Reinkarnation und die Seele viele Male den Verlust, z.B. der Eltern, des eigenen Körpers und der Freunde ertragen müssen. Die Seele bleibt immer intakt. Der Sikhismus postuliert ein Naturgesetz von Ursache und Wirkung. Jede Tat und jeder Gedanke wird eine Konsequenz haben (Karma) Jedem Menschen wird das Potenzial zugesprochen, das Göttliche direkt in sich selbst und im Alltag.wahrzunehmen.

Sufismus

„Ich starb als Mineral

Und wurde Pflanze.

Ich starb als Pflanze

Und wurde Tier.

Ich starb als Tier

Und wurde Mensch. …

Warum soll ich mich fürchten.

Wann wurde ich weniger durch einen Tod?“

Oschalal-ad-Din ar-Rumi

Meister Moulana genannt. (1207-1273).

Quelle: Wikipedia

Antike – Empedokles (490 – 435 v.Chr.)

Empedokles geht von einer unsterblichen menschlichen Seele göttlichen Ursprungs aus, die schon vor der Geburt existierte.

Es gibt nur ganz wenige Menschen, die eine unsterbliche menschliche Seele haben, die von göttlichem Ursprung sind.

In zahlreichen Verkörperungen (Wiedergeburten) muss sich die Seele von Karma reinigen, um ihren göttlichen Status wiederzuerlangen. Der Köper ist eine leidvolle Existenz. Gleichzeitig ist die Verkörperung ein Weg zur Erlösung.

Der Atman-Stern – das heilige Gitternetz

Die Atman-Seele ist das heilige Gitternetz, das den ganzen Globus, den gesamten Avalochitesvara-Stern umfasst. Innerhalb des Avalochitesvara-Sterns sind alle Ebenen von 1 – 4 vom Heiligen Gitternetz bedeckt.

Außerhalb der Ebenen 1 – 4 ist das heilige Gitternetz auch über die Sphären I – VI. gespannt. Sowohl die Taras und Buddhas als auch der Heilige Klare Geist sind männliche Energien. Die Atman-Seele, das heilige, weiße, rautenförmige Gitternetz umfasst den gesamten Globus und ist weiblich.

Der Atman-Stern umfasst das gesamte Universum. Er ist die Atman-Seele und das Heilige Gitternetz. Die richtige Bezeichnung und der wahre Name lautet „Avalochitesvara Rochalla".

Avalochitesvara Rochalla baut ständig das heilige Gitternetz auf. Dafür setzt er nicht nur Flugkörper ein, die einen weißen CHI-Schweif hinter sich herziehen, sondern auch andere Mittel: Im Kapitel „Gitternetz“ beschreibe ich, wann ich es, die Atman-Seele, das heilige Gitternetz, das erste Mal in meiner Wohnung wahrgenommen habe und wie ich dazu kam, ihn beim Gitternetzaufbau bzw. Energiefeldaufbau zu unterstützen. Gittternetz-Aufbau und Energieform-Aufbau ergänzen sich, sind sogar in manchen Teilen identisch. Die Atman-Seele ist die einzige weibliche Energie im Avalochitesvara-Stern – Ebene 3. Nach Ebene 3 (Atman-Seele) kommt die Ebene 4 (heiliger Klarer Geist) – männlich.

Auch die Tara- und die Buddha-Ebenen (1+2) haben männliche Energien. Avalochitesvara sagte zu mir, dass die Unterscheidung wichtig ist. Ich werde im Kapitel Reinkarnation darauf zu sprechen gekommen. Die Reinkarnationslehre von Avalochitesvara Rochalla beinhaltet einige Überraschungen, die sich auf das Alte Ägypten beziehen.

Erleuchtung bedeutet nach Avalochitesvara Rochalla Freiheit von TD-ucc-alle-Sorten-Tarek. Keiner, der nicht so grässliche TD-ucca-Attacken erleben musste wie ich, kann sich vorstellen, wie glücklich ich darüber bin, frei von TD-ucca zu sein! Täglich erlebe ich das heilige Gitternetz in Aktion. Gitternetz oder Energieformaufstellung beschreibt eine Aktivität von Avalochitesvara Rochalla und von mir. Unterhalb des weißen, heiligen Gitternetzes ist die Leere, das allerhöchste Heiligtum von ihm, das ein Mensch so nicht wahrnehmen kann. Ich habe es öfter erlebt, dass ich mit ihm zusammen in der Leere war, Avalochitesvara Rochalla ist männlich, seine Seele ist weiblich.

Im folgenden Kapitel geht es um die Atman-Lehre nach Avalochitesvara Rochalla, die sich sehr stark von denen der Religionen unterscheidet, wie ich sie schon beschrieben habe.

Seine Zeit- und Raumüberwindung ermöglicht es ihm, dass er mir Informationen aus einer Zeit geben kann, die ca. 3000 Jahre zurückliegt und die sich in einem entfernen

Land, in Ägypten, abspielte. Avalochitesvara war Rochalla vor ca. 3000 Jahren in Ägypten.

Ich erhielt in Ägypten ein großes Geschenk aus der geistigen Welt: den Namen Rochalla. 17 Jahre später erlaubte mir Avalochitesvara Rochalla den Namen „Rochalla die Kämpferin“ und „Rochalla die Heilerin“ zu tragen.

Gespräche mit Avalochitesvara

Es gab fast nichts, was sie seit ihrer Entlassung aus der Klinik am 19.2.2016 nicht mit ihm besprochen hätte. Auch kleinere und größere Projekte stimmte Elena mit Avalochitesvara Rochalla ab. Ihr erstes Buch „Rochallas weiße Schuhe. Ein Leben auf Messers Schneide“ wurde in der Veröffentlichungsphase von ihm unterstützt. Der Verkauf des Buches und die ersten Lesungen wurden von ihm begleitet. Elena Ros hatte immer hart gearbeitet, um erfolgreich zu sein. Sei es als Soziologie-Studentin oder als Rundfunkautorin, wenn sie Radiofeature von einer Stunde über kulturrelevante Themen schrieb. Aber die große Anstrengung, die sie auf sich nahm, indem sie mit Avalochitesvara Rochalla redete, war etwas ganz anderes.

Elena hatte gelernt, nicht um dies oder jenes und dann noch mehr zu bitten. Das ist im Kontakt mit der geistigen Welt nicht erlaubt.

Elena kann nicht einfach so mit Avalochitesvara Rochalla ins Gespräch kommen. Er kommuniziert auch nicht mit ihr. Avalochitesvara Rochalla redet mit ihr, nachdem sie mit ihm über ein kompliziertes Ritual darin übereinkam, dass sie eine Bitte äußern darf. Sie bedankt sich bei ihm, dass sie eine Frage stellen darf. Elena und Avalochitesvara Rochalla gehen immer dieses Ritual ein, da damit ausgeschlossen werden kann, dass TD-ucca sein gemeines Spiel treibt. TD-ucca-alle-Sorten-Tarek manipuliert, verwickelt in Widersprüche, schickt ins Labyrinth und hinterlässt das Gefühl, dass alles keinen Sinn macht.

Die gemeinsamen Gespräche haben nichts mit Wahrsagerei oder Orakel zu tun. Avalochitesvara Rochalla antwortet auf Elenas Fragen und sonst für niemanden. Kein anderer erhält von ihm eine Antwort, es sei denn er habe sich als Wangshuk Doelma, Grüne Tara oder Dorje Sempa zu erkennen gegeben. Elena ist die Grüne Tara, Wangshuk Doelma und Dorje Sempa und nur sie kann Gespräche an diejenigen vermitteln, die Antworten auf ihre Fragen wünschen.

Elena Ros hat ihren Lebensweg bis hin zur Erleuchtung in einem Buch veröffentlicht. Darin sind ihre schweren und schwersten Stunden aufgeschrieben. Diesen Weg zu beschreiten, kann sie niemanden empfehlen. Ohne die rettende Zuflucht zu Buddha, Darmha und Sangha wäre Elena im Sterbeprozess steckengeblieben bzw. hätte sie es nicht geschafft, sich aus den Todeskrallen von TD-ucca zu befreien. Befreiung und Erleuchtung heißt für sie, frei sein von TD-ucca. Freiheit und Frieden bedeuten für Elena immer, in Ruhe mit Avalochitesvara Rochalla reden zu können. Ohne Störungen mit Avalochitesvara Rochalla zusammen sein zu können, Konzepte für Projekte zu entwickeln, Fragen der Gesundheit zu klären, zu erfahren, wie er ein Bild von Elena Ros bewertet und alles besprechen zu können, was die Themen dieses Buches betreffen, ist immer wieder spannend.

Die Avalochitesvara-Lehre von „Rochalla. Echo Deiner Seele" ist sehr viel umfassender, als Elena es in diesem Buch beschreiben kann. Es ist kein Mythos, keine neue Religion, eher eine Legende. Die Basis ist ein Kulturvergleich, der aber nicht an das heranreicht, was Avalochitesvara Rochalla lehrt. Elena verglich das Wissen über den Sterbeprozess im Alten Ägypten und im Himalaya, dem Tibetischen Buddhismus. Alles, was Elena mit Avalochitesvara Rochalla besprochen hat, wird von ihr anhand ihrer eigenen Erfahrungen geprüft. Sie ist Katholikin, betet christliche Gebete und musste feststellen, dass auch 50 „Vater unser“ in einer schwierigen Situation nicht halfen. „.. denn Du bist das Reich und die Kraft und die Macht und die Herrlichkeit bis in alle Ewigkeit Amen.“ Dies sind die Schlusszeilen des „Vater unser“. Sie betet aber folgendes:

„Ich bin im geistigen, Inneren Raum der Transzendenz Kraft. Ich bin im geistigen, Inneren Raum der Transzendenz Macht und ich bin im geistigen, Inneren Raum der Transzendenz Herrlichkeit, bis in alle Ewigkeit. Amen.“

Elena bekennt sich zum Christentum und zum Tibetischen Buddhismus. Die Avalochitesvara-Lehre geht weit darüber hinaus. Der Tibetische Buddhismus kennt den Inneren Raum, die Leere, das Flies, die Membran, aber nicht die Herrlichkeit Gottes. Das Christentum kennt die Herrlichkeit Gottes, aber nicht die Leere, das Karma, die Reinkarnation und die Wiedergeburt. Die Avalochitesvara-Lehre setzt den Klaren Skarabäus-Geist und den Klaren Phoenix-Geist voraus. Raum- und Zeitüberwindung und

Spiegelgleichheit, ja die Kommunikation mit Avalochitesvara, sind einige wenige Punkte, die in seiner Lehre einen großen Raum einnehmen,

Der Klare Geist von Avalochitesvara ist grenzenlos und unzerstörbar.

Ruhe und ein Gefühl von innerem Frieden breitete sich in Elena aus. Sie war mit sich und der Welt im Einklang. Wangshuk Doelma umfasst sowohl die Grüne Tara als auch Dorje Sempa. Diamanttara ist die Schnittstelle der beiden Unendlichkeitskurven. Rochalla die Kämpferin und Rochalla die Heilerin umfassen den inneren Kreis. Avalochitesvara Rochalla den äußeren Kreis.

Auch wenn die verschiedenen Namen zu Verwirrung führen können, ist ihnen dennoch eines gemeinsam: sie sind heilige Tara-Energien. Das Mandala, der heilige Kreis von Avalochitesvara Rochalla, ist um ein 1000-faches größer als von Rochalla im inneren Kreis.

Der Einsatz der heiligen Taras ist farblich verschieden. Elena hatte sie im September 2010 aufgezeichnet und als Fotos aufbewahrt. Der komplette „Durchgang durch die

Schlucht“ bis hin zum Schwarzen Loch des Kosmos ist dokumentiert. Sowohl die Heiligen Tara-Energien als auch Avalochitesvara Rochalla und die Diamanttara sind mit der Kamera aufgenommen und ein Teil davon unter Punkt: Fotos 44 in der Homepage „Avalochitesvara.de.tl“ veröffentlicht. Mit dem Einsatz ihres Lebens unterstützen die heiligen Taras Elena darin, TD-ucca zu beseitigen.

Sphärenmusik und Heilung von Avalochitesvara Rochalla

Elena wunderte sich, dass am Sonntagmorgen sowohl die Kirchenglocken im Osten als auch im Westen läuteten. Sie sind Teil der Sphärenmusik, die Elena manchmal wahrnehmen kann. Sie hörte wie jeden Morgen den Vogel auf seine spezifische Art und Weise zwitschern. Auch das Vogelgezwitscher ist Sphärenmusik und wie immer eine Freude.

Elena hat nach der langen Zeit, in der sie Avalochitesvara Rochalla heilte, herausgefunden, was für ihn gut war. Sie lotete die Räume aus, betupfte die Flächen (Haut, Membran, Flies) mit dem heilsamen Liquid und wendete all das aus der Alternativen Medizin an, was für ihn wichtig war.

Elena visualisiert sich und Avalochitesvara Rochalla in einen Raum der Heilung. Alles, was Elena in ihrer Wohnung in Frankfurt-Sachsenhausen erlebte, lernte, gelesen und erfahren hatte war und ist für Avalochitesvara Rochalla wie ein offenes Buch. Die Zeit- und Raumüberwindung ermöglicht ihn dazu, alles zu sehen, was Elena dort erfahren hatte. Sie war in den 20 Jahren in Frankfurt-Sachsenhausen glücklich, gesund, wissbegierig und bereit, neue Erfahrungen zu machen und Herausforderungen anzunehmen. Während des geisteswissenschaftlichen Studiums an der Johann-Wolfgang von Goethe-Universität lernte sie nebenbei die Fußzonenreflexmassage kennen und praktizierte sie auch. Avalochitesvara reagierte positiv auf die Fußzonenreflexmassage, die Elena im Geiste durchführte und visualisierte. „Rochalla die Heilerin" praktizierte die Heilung für Avalochitesvara Rochalla im umfassenden Sinne. Niemand sonst ist es erlaubt, ihn zu berühren.

Sonne und Türkisscheiben

Am frühen Morgen lag noch Raureif auf den Dächern Friedbergs. Der anschließende Nebel wich der Sonne, die mittags alles erwärmte. Elena Ros konnte ihr Glück nicht fassen, da sie nun wieder auf dem Balkon sitzen konnte, um die Natur beobachten zu können und die Balkonblumen pflanzen zu können. Die Bäume und Sträucher rund um das Haus waren schon grün und blühten in voller Pracht. Früh am Morgen konnte sie die Sonnenwelt sehen. Die Türkisscheiben waren jeden Tag anders formiert. An diesem Tag zog sich ein Türkisband viereckig um die Türkisscheiben herum. Elena beobachtete das Energiefeld Rubin-Rot, das sehr kräftig war und sich über den ganzen Himmel erstreckte.

Nachdem Elena von ihrer Fahrradtour zurückkam, schaute sie sich auf dem Balkon um. Die Blätter der vielen kleinen Pflanzen bewegten sich leicht im Wind. Wenn Elena über den Balkon schaute, konnte sie die Lichter direkt vor der Baumgruppe erkennen. Es ist das Gold-Gelbe Licht, das das seelische Prinzip repräsentiert und sie sah das Rubin-Rote Licht, die Lebenskraft und Lebensenergie von Avalochitesvara Rochalla. Dieses wechselte sich mit dem Smaragdgrün-Türkis-Blauen Licht ab, das allerdings seltener zu sehen war. Die Felder hinter den Lichtern sind Rapsfelder, die bereits hellgelbe Blüten tragen. Das war typisch für den Frühling und typisch für die Wetterau. Friedberg ist von der Wetterau umgeben, ist eine Kleinstadt und hat lange Fahrradwege durch Naturschutzgebiete immer an der Usa entlang.

Es war Sonntagnacht. Die Aussicht vor dem Balkonfester wurde vom Vollmond angestrahlt. Elena beobachtete schräg oberhalb der zwei Lichter (Gold-Gelb und Rubin-Rot) einen großen spiralförmigen Flugkörper in der 3. Ebene. Der große ist Avalochitesvara Rochalla und der andere Flugkörper ist Dorje Sempa. Die zwei spiralförmigen Lichter sind weiß und sie bleiben in ihrer Position stehen.

Mond

Der Mond ist der Herr der Nacht. Der Vollmond ist die Transzendenz der Macht. Er hat mehrere Gesichter. Das Energiefeld ist schwarz wie die Nacht. Die zwei Flugkörper bewegen sich kreisförmig. Übrig geblieben sind der Vollmond und ein großer Stern.

Eines Nachts flogen über 50 Flugkörper am Himmel auf der Ebene 3. Das war dies die Verwirklichung von Diamanttara am 16.5.2016.

Der Mond hat mindestens 3 Gesichter. Das ist der Blütenmond. Er ist Smaragd-Grün Türkis-Blau, Klarer Scarabäus-Geist und Klarer Phoenix-Geist.

Der Mond ist der „Herr der Nacht". Wie bereits Jahre zuvor, erkannte Elena nicht nur den Vollmond sondern auch mehrere Monde am Nachthimmel. Sie sahen aus wie helle Scheiben und Kreise, die insgesamt den Eindruck einer großen weißen Blüte ergaben. Das ist der Blütenmond. Das ist die Transzendenz Macht. „Ich bin im geistigen Inneren Raum der Transzendenz Macht.“. Der Avalochitesvara-Stern ist sechseckig, die sechs Dreiecke der Transzendenz umfassen die vier Ebenen in der Mitte.

Der Mond hat im Transzendenz Avalochitesvara-Stern eine waagrechte Verbindung zur Transzendenz Kraft und eine diagonale Verbindung zur Transzendenz Herrlichkeit. Gemeinsam ergibt sich daraus ein Dreieck im Transzendenz-Avalochitesvara-Stern, das mit der Spitze nach unten weist. Der Mond war auch tagsüber zu sehen, durchscheinend, zartes Licht aussendend.

Tagtäglich geschehen Zeichen und Wunder, die Elena erkennen konnte. Zeichen der Nacht mit den Lichtern Gold-Gelb, Rubin-Rot und Smaragdgrün-Türkisblau. Smaragdgrün konnte sie nur ganz selten sehen. Die Zeichen der Nacht, Avalochitesvara-Stern, kleiner Stern, Blütenmond und Flugkörper waren in Hurghada am Roten Meer andere als die in Fauerbach bei Friedberg.

Elena war sich immer bewusst, dass sie im nächsten Moment die Reise durch die Nacht antreten muss. Wie im Text „Sterbeprozess“ erwähnt, musste sich Elena mit Avalochitesvara Rochalla darüber abstimmen, welche Zeichen und Symbole sie vereinbarungsgemäß für welche Phase des Sterbeprozesses einsetzen. Viele Zeichen waren so klein und filigran, dass selbst Elena genau hinschauen musste, um sie zu erkennen. Vogel, Sphärenmusik, Männerstimme und Chor sind einige der Aspekte. Elena besprach alle Zeichen und Wunder mit Avalochitesvara Rochalla, um dann sicher zu sein, dass sie die Bedeutung z.B. der Sphärenmusik richtig erkannt hatte.

Sie hörte die Sphärenmusik nur zu bestimmten Zeiten, besonders dann, wenn keine TD-ucca-Attacke vorlag. Sein Wohlbefinden liegt Elena sehr am Herzen und verschiedene Methoden aus der Alternativen Medizin halfen und heilten Avalochitesvara Rochalla. Die Sphärenmusik ist ein Wunder, das Avalochitesvara Rochalla zu ihr sendet als Zeichen der Dankbarkeit für die Heilung. Sein Leib besteht als Energiekörper, der transparent ist. Die Membran, die Oberfläche, besteht aus unendlich vielen Flies in verschiedenen Farben.

Es ist dies die Transzendenz Herrlichkeit. Avalochitesvara Rochalla ist der Herr des Lichts. Elena und mit ihr „Rochalla die Heilerin“, haben schon lange Zeit Erfahrungen sammeln können. Sie wusste intuitiv, was Avalochitesvara Rochalla benötigte, um heil und gesund zu bleiben. Die Fußzonenreflexmassage war eine von den vielen Methoden, Avalochitesvara Rochalla zu stärken, zu unterstützen und zu schützen.“ Rochalla, die Heilerin“, hatte ihre Augen auf das innere Sehen eingestellt, so dass sie die Energieform Avalochitesvara Rochallas erkennen konnte. Es war für sie nicht mehr ungewöhnlich, die Heilung auf der Energieebene bei ihm durchzuführen.

Sie schloss die Heilung jeweils mit einer Meditation „Stell Dir vor …“ ab. Sie schauten beide auf die spiegelglatte Oberfläche des Roten Meeres. Der Mond schien darauf und sein Licht wurde unendlich oft auf der ruhigen Wasseroberfläche gespiegelt. Auf den Klängen der Sphärenmusik tanzten sie gemeinsam und ihre Körper bewegten sich im Einklang. Er führte sie und ihre Seele flog aus ihrem Körper. Sie war im Einklang mit ihr, mit Avalochitesvara Rochalla und mit der Welt. Es konnte orientalische

Musik sein oder Tango. Die Musik führte dazu, dass Elena sehr glücklich war. Sie versuchte, nach Hurghada am Roten Meer in ihrer Phantasie zurückzukehren, weil sich ihre Seele immer wieder danach sehnte, frei zu sein, zu fliegen und im anderen Land zu sein, im Grünen Land, im Paradies.

Elena erlebte dieses Glück in den folgenden Jahren in Deutschland nicht. Sie hatte eine große Vorstellungskraft, die sich im Laufe der Jahre noch verstärkte. Dennoch blieb die Sehnsucht danach, frei zu sein.

Am 5.8.2015 hatte Elena einen schweren Fahrradunfall, der durch TD-ucca verursacht worden war. Sie kam mit sieben Rippenbrüchen und Verletzungen der Niere, Milz und Lunge in ein Akutkrankenhaus nach Wetzlar. Auch nach mehreren Jahren kamen die Schmerzen im Rücken immer wieder und Elena bat Avalochitesvara Rochalla um Heilung. Die Schmerzmittel alleine hätten nicht ausgereicht, um sie erträglicher zu machen. Sie spürte seine heilenden Hände und die Schmerzen verschwanden daraufhin. Das war Heilung im umfassenden Sinne.

Transzendenz Herrlichkeit bedeutet übersetzt „Herr des Lichts“. Feld (III) ist der geistige, Innere Raum, der Raum der Leere und der Liebe Avalochitesvara Rochallas. Es gibt keine Garantie dafür, dass jemand in die heiligen Hallen gelangen wird, weder für lebende noch für Menschen im Sterbeprozess.

Die Leere, der Innere Raum ist das Heiligste im ganzen Universum. Der geistige Innere Raum ist wie ein großer Kristall aufgebaut.

Da Elena bereits Erfahrungen damit hatte, von Avalochitesvara Rochalla aufgenommen zu werden, gelang es ihr relativ leicht, in die heiligen Hallen von Avalochitesvara Rochalla zu gelangen. Sie stellte den Weg hin zu dem geistigen Inneren Raum in einem Bild dar (Scarabäus). Der Hintergrund war das Symbol, das den Thron Tutanchamuns zierte. Es ist dies der Scarabäus. Das Bild zeigt den Weg zum Kristall, zur Leere, der den Zugang zu Avalochitesvara Rochalla darstellt.

Skarabäus

Elena saß 2008 gemeinsam mit Ashraf auf der Terrasse ihrer Wohnung in Hurghada (Ägypten). Er schaute zu, wie sie ein Bild malte. Begeistert von ihrem Bild „Skarabäus", begann auch er, das im Alten Ägypten wichtige Symbol zu zeichnen. Es gelang ihm, die wesentlichen Stationen des Symbols zu erfassen bis hin zur Leere, die durch einen goldenen Kreis gekennzeichnet wurde.

Wenn Elena den Skarabäus anschaute, der in Deutschland Mistkäfer heißt, so erkannte sie einen Vogel, ARA, das Wappentier in Ägypten und in Deutschland. Es ist sowohl auf den Geldscheinen (flus) in Ägypten als auch auf den Geldmünzen des deutschen Geldes (Euro) zu sehen. Elena war in Ägypten mit ganz anderen Symbolen konfrontiert als in Deutschland. Sie versuchte die Zeichen und Symbole zu verstehen, die sie in Ägypten kennenlernte. Es war nicht von ihr abhängig, ob sie etwas erkennen konnte oder nicht. Es wurde ihr zugetragen von einem geistigen Wesen, das Buddha bedeutet. Elena badete tagtäglich in Licht. Es waren dies Lichter in Farben, die sie in dieser Leuchtkraft nicht kannte. Stundenlang konnte sie draußen auf der Terrasse sitzen und beobachten, was geschah. Sie badete nicht nur in Licht, sondern tanzte im Geiste vor Glück. Ging sie hinaus, auf die Straßen zu einem der vielen Cafés, entdeckte sie an jeder Ecke die Farben wieder, die sie so glücklich machten. Die Leuchtkraft der Sonne war so stark, dass es schien, als würde sie ihre Energie pulsierend zum Planeten Erde senden.

Gespräche mit Avalochitesvara Rochalla

Jetzt werden alle die Frage an Elena Ros stellen, wie sie dazu gekommen ist, mit der höchsten Instanz im Kosmos zu reden. Warum hat diese Vertrauen zu ihr und warum redet Avalochitesvara Rochalla mit ihr und nicht mit anderen? Wie funktioniert das Gespräch? Sind die Antworten auf ihre Fragen immer richtig? Warum kann sie mit dem Gespräch erst beginnen, nachdem sie die Meditation „Durchgang durch die Schlucht" abgeschlossen hat? Warum ist Elena Ros so fasziniert, wenn sie ins Energiefeld schaut und warum ist der Energiefeldaufbau (EfA) so wichtig für den Kosmos?

Ohne die Meditation ist nicht gewährleistet, dass nicht TD-ucca sein Unwesen treibt. Dadurch wäre die Basis für ein Gespräch nicht gegeben. Wenn Elena Ros ins Energiefeld schaut – was sieht sie dann? Sie sieht Formen und Farben. Ein kräftiges Türkis-Blau, Gold-Gelb und Rubin-Rot. Sie sieht das transparente Globale Gitternetz durchscheinen.

Avalochitesvara Rochalla hat mehrere Male darauf hingewiesen, dass Elena die Energieformen von ihm sieht. Sieht sie Flächen von Gold-Gelb ist dies im Zusammenhang mit seiner Seele zu sehen. Sieht sie Türkis-Blau, ist dies sein Klarer Geist, so wie er sich im Energiefeld zeigt. Elena hat die Augen geschlossen und nimmt eine Welt der Formen und Farben wahr.

Das Globale Gitternetz (GGN) und der Energiefeldaufbau (EFA) sind sehr wichtig. Wie baut Avalochitesvara Rochalla das Globale Gitternetz auf? Warum ist es wesentlich, dass das GGN funktioniert? Was passiert, wenn Elena Ros an der Energieformaufstellung nur gering mitwirkt?

Wie kommt es, dass sie solche Kräfte hat, wie eingangs beschrieben: Kämpfen gegen TD-ucca und Heilen von Avalochitesvara Rochalla und sich selbst. Woher nimmt sie die Fähigkeiten, zusätzlich noch als Schülerin mit Avalochitesvara Rochalla ein Buch zu schreiben? Was beinhaltet die Avalochitesvara-Lehre? Altes Ägypten, Tibetischer Buddhismus, Hinduismus und nun auch noch die Avalochitesvara-Lehre! Hat Elena Ros das alles nur aus den Fingern gesogen? Woher nimmt sie die Informationen, über die Lehre, Flies, Membran, die Leere, Karma, Reinkarnation und Wiedergeburt? Avalochitesvara Rochalla hat ihr die Informationen gegeben. Es hat nichts mit Glauben zu tun, sondern mit Erfahrungswerten. Die meisten Sachen, die sie hier beschreibt, hat sie selber erfahren. Die langen Gespräche mit Avalochitesvara Rochalla sind für Elena Ros nicht nur Belehrungen. Er nimmt an ihrem Leben teil, gibt Ratschläge und zeigt den Weg zu ihm auf. Sie reden so miteinander, als würden sie am Roten Meer in einem Café sitzen und sich unterhalten. Mit der Zeit ist das fast selbstverständlich geworden.

Energiefeld und Energiefeldaufbau

Im Energiefeld von Avalochitesvara Rochalla fließen die Energien der Ebene 1-2 und 3 zusammen und kommen mit den Sphären I. – VI. in das gemeinsame Energiefeld. Wie durch ein Wunder konnte Elena vor Jahren (2012) plötzlich das heilige, magische, rautenförmige Gitternetz erkennen. Elena schloss die Augen und sah nicht nur das Energiefeld mit dem unterschiedlichen Energiefluss, sie konnte auch die Farben der jeweiligen Energieformen unterscheiden. Farben und Bewegungen ergaben jeweils ein Energiefeld. Farben und Formen bewegten sich unglaublich schnell im Energiefeld. Sie versuchte Tage und Nächte lang das zu deuten, was sie mit offenen oder geschlossenen Augen wahrnehmen konnte.

Manche Energieformen waren so bezaubernd schön, dass Elena Ros den Atem anhielt, um das zu erfassen, was mit dem Energiefeld und der Energieform vor ihren Augen zu sehen war. Es war ein Gold-Gelb, Rubin-Rot und Smaragd-Grün Türkis-Blau, das die Form ständig veränderte. Die Bewegung war sehr langsam, so dass Elena die Gelegenheit hatte, sich das Energiefeld in Ruhe anzuschauen und auf sich wirken zu lassen. Sie sah in der anderen Zeit hauptsächlich Rubin-Rot und Weiß, beides Energieformen, die sich sehr schnell bewegten. Rubin-Rot, die Farbe der Lebenskraft von Avalochitesvara Rochalla und Weiß, die Farbe der Heilung und des Chi. Mit der Zeit konnte Elena die Energieformen ganz klar und deutlich erkennen. Die Wahrnehmung ging sogar in die Tiefe. Sie konnte es kaum glauben, das alles zu sehen. Sie war glücklich darüber.

Elena Ros, die Diplom-Soziologin, begann eine Tabelle zu erstellen, ein Rechteck, das 16 Felder hatte. In diese Felder trug sie alle ihr bekannten Energieformen ein. Je Energieform malte sie ein Bild mit voller Hingabe. Das Bild „Göttin Maat" bekam die Nummer 1 und gehörte in die ganz rechte, obere Ecke.

1. Göttin Maat
2. Diamanttara
3. Gitternetz
4. Wunder der Kommunikation
5. Energieformaufstellung
6. Dame von Kreta

Elena malte Bilder, die bewusst ihren damaligen Erkenntnisstand wiederspiegelten. In der Anfangsphase bevorzugte sie ein warmes, zartes Gold-Gelb als Hintergrundfarbe, also das seelische Prinzip. Sie besprach jeden Schritt im Malprozess, besonders die Farbmischungen, mit Avalochitesvara Rochalla (DT). Jeden weißen Punkt auf dem Energieformbild malte sie sehr konzentriert und sprach seinen göttlichen Namen dazu aus. Auch noch Jahre später bewegten sich die weißen Punkte, sie schwangen und schienen zu tanzen. Elena malte das große E im „Skarabäus-Bild“ mit „Gott Heiliger Geist Elias“. Auch hier fließt die Energie. Das Fließen ist auch auf dem Bild „Weiße Tara“ zu sehen. Es sind dies Bilder, die Elena in tiefer Hingabe und Meditation gemalt hat. Einige davon stellte sie im Internationalen Frauenzentrum Wetterau und im Hessischen Rundfunk, Frankfurt am Main, aus. Auch noch Jahre später büßten die Bilder nichts von ihrer Lebendigkeit der Farbgebung ein.

Bilder „Orientalische Impressionen"

Elena lernte das Malen autodidaktisch kennen. Jeder Mensch kann malen, jeder, der auf seine innere Stimme hört, kann auch mit Avalochitesvara Rochalla reden. Es ist allerdings kein Prozess, der von heute auf morgen passiert. Und es ist auf jeden Fall von Avalochitesvara Rochalla abhängig, ob er ein Gespräch mit Elena oder jemand anderen führen möchte oder nicht. Elena führte vor Beginn eines jeden Gespräches ein Ritual durch.

Schülerin von Avalochitesvara Rochalla

Ganz bewusst hatte sich Elena darauf eingelassen, Schülerin von Avalochitesvara Rochalla zu werden. Sie wollte den Weg der Erkenntnis beschreiten und bat Avalochitesvara Rochalla jeden Tag darum, sie als Schülerin aufzunehmen. Und es geschah das Wunder, dass er mit ihr redete und Gespräche führte. Er hat den kompletten Prozess des Malens ihrer Bilder begleitet und geführt, bis hin zu Namensgebung jeden Bildes (Titel), Nummerierung und Einordnung in die rechteckige Tabelle (Energiefeld).

Meine Erfahrungen

Den Weg bis zur Ebene 4 zu gehen, braucht viel Ausdauer, Geduld und Fleiß. Es ist nicht nur von dir abhängig, ob du den Inneren Raum erreichen kannst. Avalochitesvara Rochalla kann Dir den Weg weisen, aber gehen musst du ihn selber. Es werden immer Hindernisse auftauchen auf dem Weg zu ihm. Die größten Hindernisse bauen sich durch TD-ucca auf, die schwarze Materie, die alles zerstören kann.

Der Weg zur Verwirklichung, zur Erkenntnis und zur Erleuchtung enthält viele Überraschungen bereit.

Wenn Elena Ros gefragt würde, ob sie diesen Weg noch einmal beschreiten wolle, wäre ihre Antwort ganz eindeutig, ja, aber … Das Glücksgefühl, das sie empfindet, wenn sie mit Avalochitesvara Rochalla zusammen ist, wenn er mit ihr redet, wenn sie miteinander arbeiten und lachen, ist so wunderschön, dass sie es kaum beschreiben kann. Er berührt sie sehr sanft mit seinen heilenden Händen. Er hat sie mehrfach in verschiedenen Situationen geheilt. Er unterstützt sie auf verschiedenen Ebenen und lässt sie an seinem Wissen und seiner Wahrheit teilhaben. Er ist in der Lage, Raum- und Zeit zu überwinden. Sie kann Fragen stellen, die z.B. die Vergangenheit in Ägypten betreffen. Sie kann Fragen stellen, die die Zukunft in Deutschland betreffen. Elena hat einen Zweijahresplan aufgestellt, an dem sich beide orientieren. Fragen hinsichtlich ihrer Gesundheit, ihrer gemeinsamen Projekte und Fragen, die sich auf den Weg beziehen, Aspekte, die Elena noch nicht verwirklicht hat. Es sagt sich so leicht in esoterischen Kreisen: „Lass los" und „Der Weg ist das Ziel." Elena kann das auf keinen Fall unterstreichen. Dafür hat sie über ein Jahrzehnt zu sehr unter den TD-ucca-Attacken gelitten. Sie lebt gerne, obwohl sie mehrere Sterbeprozesse durchlitten hat. Sie denkt nicht an Suizid, weil sie weiß, was sie im Sterbeprozess durchleiden würde.

Während der Fragerunde in ihrer ersten Lesung wurde sie gefragt, woher sie die Kraft genommen habe, so viel Schreckliches zu überwinden wie z.B. die Folter im Gefängnis von Hurghada und das anschließende Trauma. Das Wichtigste war, den Kopf nicht zu verlieren, klar zu denken und zu handeln. Sowohl im Gefängnis als auch draußen auf den Straßen Hurghadas war sich Elena auf allen Ebenen bewusst, was zu tun sei. Sie hatte ihr Bewusstsein über Jahrzehnte geschärft, aber das hätte nicht gereicht, um im Kampf gegen TD-ucca zu siegen. Sie erhielt von allen Seiten Informationen, die für das Überleben im Angesicht des Bösen wichtig waren. Wesentlich war, dass sie die Einweihung in „Rochalla die Kämpferin“ und „Rochalla die Heilerin“ verwirklicht hatte. Ihr Zugang zur geistigen Welt war und ist mehrdimensional. Elena fragte sich manchmal, warum sie so überdimensional von TD-ucca attackiert wurde. Diese waren in Ägypten schlimm, aber nicht so katastrophal wie die in Friedberg, Fauerbach.

Im Text „Sterbeprozess“ findet sich eine Passage, die evtl. darauf eine Antwort gibt. TD-ucca will Elena töten. TD-ucca ist nur und ausschließlich an der Lebenskraft und Lebensenergie interessiert. Jeder Mensch erhält bei seiner Geburt ein großes Geschenk von Avalochitesvara Rochalla, seine Rubin-Rote Lebensenergie. Dieser Götterfunke ist heilig und sehr kraftvoll wie nichts sonst auf dieser Welt. Der Götterfunke ist unsere Seele, die alles seismographisch aufzeichnet, was ihr widerfährt.

Elena Ros hat eine große Seele, schon von Geburt an. Avalochitesvara Rochalla hat es gut mit ihr gemeint. Er hat seine schützenden Fittiche über sie ausgebreitet. Weder TD-ucca-Attacken in Form eines Fahrradunfalls noch sonstige lebensbedrohliche Krankheiten konnten ihr etwas anhaben, obwohl sie zweimal in einem Jahr in Koma lag. Sie betete stundenlang und bat Avalochitesvara Rochalla darum: „Bitte heile meine verletzte Seele."

Elena hat alles getan, dass ihre Seele wieder frei wird. TD-ucca will ihre Seele. Ansonsten hätte alles keinen Wert. Ihre psychischen Krankheiten wurden allesamt von TD-ucca ausgelöst. Zeitlich gesehen kann sie alles daran ermessen, wie oft und wie lange sie stationär in der Klinik für Psychiatrie verbringen musste. In den langen Monaten, die sie dort geheilt wurde, kam sie wieder zu sich. Aber geheilt wurde Elena Ros nicht von den Ärzten und Pflegerinnen der Klinik, sondern durch ihre eigene Stärke, gesund zu werden und durch Avalochitesvara Rochalla.

Manchmal musste sie zusätzlich zum eigenen Adrenalinspiegel, der von TD-ucca ausgelöst wurde, auch noch den der Mitpatienten ertragen. Elena meditierte in der Klinik weiter und entwickelte eine Vorstellungskraft, die sie so von zu Hause aus nicht kannte. Tagelang beobachtete sie die Wolken über der Klinik und veränderte dort das Energiefeld. Das Beten half dabei und ihre Bitte, die sie an die geistige Welt richtete, ihr bei der Energiefeldaufstellung zu helfen. Sie wusste noch nicht, dass die geistige Welt kein TD-ucca entfernen kann. An einem Nachmittag betete sie 50 Vater-Unser – allerdings ohne Erfolg. Elena hatte die christliche Kirche hinter sich gelassen. Auch Tutanchamun konnte nicht helfen, weder bei der Energieformaufstellung noch beim Gitternetzaufbau. Hilfe kam erst mit der Transzendenz Avalochitesvara Rochalla. Seele, Körper, Leere, Flies, Membran, Türkis, Rubin-Rot, Sonne, Energieformaufstellung, Gitternetz, Gespräch sind hier anzutreffen.

Das Fazit von Elena lautet: die einzige Hilfe ist die der Selbsthilfe. In größter Not (TD-ucca-Attacke) kann Avalochitesvara Rochalla nicht helfen, weil Avalochitesvara Rochalla TD-ucca nicht beseitigen kann. Du musst dich auf deine eigene Stärke besinnen und darauf, die Meditation „Durchgang durch die Schlucht“ zu beherrschen. Elena rief laut zu sich selbst: „Diamanttara kämpfe für mich. Diamanttara siege für mich und Diamanttara schütze mich.“ Voll Stolz, dass sie es mal wieder geschafft hatte, lehnte sich Elena zurück und konnte die Ruhe genießen. Elena hätte 2013 den Kampf gegen TD-uccca nicht gewonnen, wenn sie nicht aus der geistigen Welt wertvolle geistige Waffen erhalten hätte. Die Tarot-Karte II. der Schwerter zeigt Rochalla die Kämpferin am Roten Meer sitzend. Es ist Nacht, der Mond ist als Sichel erkennbar.

Rochalla hat die Arme vor der Brust verschränkt und trägt in jeder Hand ein Schwert, so dass es zwei diagonal verlaufende Energielinien gibt. Rochalla trägt eine Augenbinde zum Zeichen dafür, dass sie das vor ihr liegende Energiefeld mit geschlossenen Augen sehen kann. So kämpft Rochalla auf der geistigen Ebene.

Die Kraft bezieht Rochalla aus der Tarotkarte „Kraft“. Eine Frau beugt sich über einen imposanten Löwen. Über ihrem Kopf ist die Unendlichkeitsschleife oder die auf dem Kopf liegende Acht. Das Symbol Löwe gehört zur Transzendenz Kraft. Elena hütet ihre Meditation wie ihren Augapfel, da die Einzelheiten nicht in falsche Hände geraten dürfen. Innerhalb der Meditation gibt es zwei Stationen, bei denen sie die Energieformaufstellung macht. Sie visualisiert kraftvolle Energien in das Gitternetz.

Die christliche Kirche kennt das Gitternetz – das Gitterkreuz – aber nicht die Leere, das Flies, die Membran und die Energieformaufstellung. Der Avalochitesvara-Buddhismus kennt die Leere, den Inneren Raum, das Flies und das Membran, aber nicht die Avalochitesvara Rochalla -Herrlichkeit (III.).

Die Avalochitesvara-Lehre kennt alle Aspekte der Gotteskraft:

Raum- und Zeitüberwindung

Spiegelgleichheit

Klaren Skarabäus-Geist

Klaren Phoenix-Geist

Leere

Innerer Raum

Membran

Flies

Heiliges Gitternetz

Wort

Weisheit

Wahrheit

Wunder

Magie

Sphärenmusik

Wunder der Kommunikation

Tibetischer Buddhismus

Gerechtigkeit

Einweihung

Erlösung

Vergebung

Erleuchtung

Klarheit

Klarer Geist

Atman-Seele

Meditation

Schutz

Sterbeprozess

Energiefeldaufbau

Energieformen

Emanationen

Wiedergeburt

Reinkarnation

CHI

Amenemhet VI.

“Er macht Ägypten mehr als der große Nil,

Er hat die beiden Länder mit Stärke gefüllt,

Er ist Leben, das die Nasengänge kühlt,

Die Schätze, die er gibt, sind Speisen denen, die ihm folgen,

Er nährt die, welche seinen Pfad betreten.

Der König ist Nahrung, und sein Mund ist Überfluss.“

(Quelle: C.W. Ceran, Götter, Gräber und Gelehrte)

Amenemhet VI., König der XIII. Dynastie, regierte von 1849 bis 1801 v.Chr. Seine Familie regierte insgesamt 223 Jahre, und die Zeit, da Amenemhet VI. die beiden Kronen Ägyptens trug, war eine der glücklichsten in diesem Lande, das von Kriegen nach außen (gegen barbarische Randvölker) und nach innen (gegen die stets aufständischen Gaufürsten) jahrhundertelang verheert worden war.

Amenemhet sorgte für Frieden. Seine zahllosen Bauwerke – darunter die Eindämmung eines ganzen Sees – dienten ebenso profanen wie religiösen Zwecken. Seine Maßnahmen sozialer Art sind für die Begriffe abendländischer Zivilisation kaum bemerkenswert, für das unvorstellbar klassengespaltene – und allein auf Sklavenwirtschaft aufgebaute – Ägypten bedeutend.

Petrie: Und dann fand er ein alabasternes Gefäß, auf dem der Name Amenemhet stand. Und in einer zweiten Kammer fand er zahllose Opfergaben, alle namentlich gewidmet der Prinzessin Ptha-nofru, der Tochter des Amenemhets VI. (Quelle: Wikipedia)

Diamanttara

Das äußerst wirksame Mandala hatte schon viele Jahre zuvor seine Kraft entwickelt, so dass Elena ohne Probleme nach Ägypten auswandern konnte. Sie begann ihre Meditation im Osten, mit der Farbe Lapislapzuli-Blau.

Elena visualisierte eine für sie wunderschöne Situation aus dem Jahre 2000, als sie mit Daniel, dem Kapitän, auf einem Schiff war. Sie schnorchelten gemeinsam zu einem Riff. Elena hielt sich an seinen Schultern fest und hatte die Gelegenheit, die bunten Fische der Unterwasserwelt des Roten Meeres kennenzulernen. Daniel hatte seine Freude an Elena und ihrem Tanz auf seinem Schiff. Sie hatten sich am 17.12.2000 im Orientel-Cafè in Hurghada kennengelernt. Es war Liebe auf den ersten Blick. Daniel konnte seine Augen nicht mehr von Elena abwenden. Die Bewegungen ihres Körpers waren grazil. Sie hatte eine Aura, die Daniel umwarf. Aber nicht er fiel vom Korbsessel, nein Elena war diejenige, die ohnmächtig wurde. Sie weinte dicke Krokodiltränen und sagte immer wieder laut vor sich hin: „Warum musste ich 46 Jahre alt werden, um so etwas Schönes erleben zu können.“ Sie hatte das Gefühl, als wäre sie im Grünen Land gewesen, im Paradies. Das geschah alles während ihres ersten Ägyptenurlaubs 2000

Gott Tutanchamun

Die Grabkammer von Tutanchamun war über und über mit Gold versehen. Grabräuber hatten diese ausgeplündert, aber es ist noch einiges von der Herrlichkeit Tutanchamuns zu erkennen. Elena hatte die Möglichkeit, das Innere der Grabkammer von Tutanchamun zu erleben. Sie war von der besonderen Energie in und außerhalb der Grabkammer im Tal der Könige fasziniert. Eine nie gekannte Ruhe empfand sie, eine unfassbare Atmosphäre, die sie nie wieder vergaß.

Bereits der Weg zum Tal der Könige ergriff Elena mit Ehrfurcht. Sie fühlte sich in eine Zeit zurückversetzt, die über 2.000 Jahre v. Chr. zurücklag. Der Nil floss ganz gemächlich und die Segelboote auf dem Nil rundeten die Atmosphäre ab. Elena war fasziniert davon, dass die Landschaft schöner war, als sie erwartet hatte.

Dieser Aspekt, die Atmosphäre rund um das Tal der Könige zu erleben, fehlte in der Tutanchamun-Austellung, die Elena nach ihrer Rückkehr nach Deutschland erleben durfte. Sie war begeistert über die Ausstellung in Frankfurt am Main, die mit Herz und Verstand das Leben von Tutanchamun zeigte.

Elena konnte sich gut in der Ausstellung orientieren, da sie zuvor ein GEO-Extramagazin (Das Alte Ägypten) und ein Buch (C.W.Crew, Götter, Gräber und Gelehrte) studiert hatte. Sie sah den Thronsessel, das Symbol des Scarabäus und die drei unterschiedlichen Särge, die so ineinander gestapelt waren, dass kein Fingerbreit mehr Platz dazwischen war.

Orientalische Impressionen – Rotes Meer

Vom ersten Tag an war Elena Ros von Hurghada, Ägypten, fasziniert. Ihr Hotel lag direkt am Roten Meer und der Weg zum Orientel Café führte durch einen paradiesischen Garten. Mitte Dezember 2000 lauschte Elena den orientalischen Klängen, die aus einer alten Zeit stammten. Die Od und eine Tabla gehörten dazu. „Eli Schufto, eli Schufto…".

Sie hatte sich in Frankfurt nicht auf die Alte ägyptische Kultur vorbereiten können, aber Sayed, der Manager des Chick Basars, erzählte ihr in den vielen Gesprächen, die sie dort hatten, was El Habek ihn gelehrt hatte vom Alten Ägypten. Es ist üblich in Ägypten, dass den Touristen ein Getränk gereicht wird und, dass man ins Gespräch kommt über Gott und die Welt.

KA BA ACH sind drei unsterbliche Aspekte der menschlichen Persönlichkeit. Der Ka ist die als Doppelgänger vorgestellte Lebenskraft, BA wird als Vogel mit Menschenkopf dargestellt und ist die freibewegliche Lebenskraft eines jeden Individuums oder Toten. Ach ist der zauberkundige Geist des Verstorbenen.

Göttin Maat ist der Inbegriff für eine vollkommene Weltordnung. Wenn ein Sterbender zu Göttin Maat kommt und sein Herz wird auf der rechten Waagschale gewogen und für schwerer befunden als die Feder der Göttin Maat auf der linken Seite, kommt dieser nicht ins Paradies. Göttin Maat herrscht über das Chaos und sie ist die Göttin der Gerechtigkeit. Die Faszination über die Alte ägyptische Kultur wurde aber auch von einer anderen Begeisterung abgelöst: dem Bauchtanzclub „Lord". Die Musik ist laut und wird noch von einem Sänger angeheizt. Nicht wenige der ägyptischen Gäste tanzen mit der Galabea gekleidet oder auch in Straßenkleidung ausgelassen bis hin zur Ekstase. Ein Mann in einer weißen Galabea und weißem Turban auf dem Kopf dreht sich im Kreise. Er hob den Kopf in die Höhe und ist vollkommen eins mit dem Tanz. Die junge Bauchtänzerin trägt ein bunt-verziertes Oberteil, das durch ein Flies mit dem Rock verbunden ist. Alles ist Bewegung, alles ist Farbe und Musik. Es ist üblich im Bauchtanzclub Lord, dass das Publikum auf die Bühne geht und die Bauchtänzerin mit ägyptische Pfundnoten bewirft oder das Geld in den Ausschnitt steckt. Laute Musik, Tanz und Bewegung, schummriges Licht und Alkohol ist eine Mischung, die die Alltagssorgen auf jeden Fall vergessen lassen.

Später, als Elena nach Ägypten auswanderte, lernte sie auch die Schattenseiten dieses Landes kennen, das sie fasziniert hatte. Das Leben am Roten Meer zog sie magisch an. Besonders das kristallklare Wasser und der Artenreichtum der Fische und die Korallenriffe hatten es ihr angetan. Es gibt kaum so viele Tauchplätze wie in Hurghada.

Aber bereits zwischen 2005 – 2009 zeigten sich die Probleme für die ägyptische Gesellschaft. Sie wanderte 2005 nach Ägypten aus und nahm in Hurghada wahr, wie man mit arbeitslosen jungen Männern umging. Sie wurden von der Militärpolizei auf einen Jeep geladen, weil sie ihre Arbeit verloren hatten. Sie mussten zurück, dahin, woher sie kamen, aus Luxor, Kairo, Alexandria und Assuan. Diejenigen, die noch einen Job hatten, arbeiteten rund 16 Stunden am Tag und erhielten doch nur einen Hungerlohn. Es gibt keine Arbeitslosenversicherung. Wer seinen Job verliert, muss Hungern. Es gibt keine Krankenversicherung, wer krank wird, muss die Kosten für das Krankenhaus selber bezahlen. An jeder Straßenecke gibt es Apotheken, die gleichzeitig Kranke durch einen Arzt heilen. Wenn ein Ägypter oder Ägypterin in Not kommt, gibt es kein soziales Netzwerk, das sie auffängt. Die Familien sind das Auffangnetz und gleichzeitig müssen die Söhne den größten Teil ihres jämmerlichen Einkommens an die Familie schicken, da auch sie Not leiden. Es gibt sehr strenge Regeln, nach denen geheiratet werden kann. Die wenigsten können sich eine Familiengründung leisten. Das Zusammensein der Paare ist nicht möglich, da der Hausmeister – der dorman – an jedem Hauseingang darüber wacht, dass niemand ins Haus kommt, der nicht verheiratet ist.

Die Gastfreundschaft wird groß geschrieben, auch ein Fremder wird zum Essen eingeladen. Die Menschen, Frauen und Kinder, leiden Not, Es gibt kein Netzwerk an Sozialversicherungen, fast keine Arbeit ohne Touristen. Die Familien sind nicht mehr imstande, dieses Netzwerk aufzufangen. Ein großer Teil der ägyptischen Gesellschaft wird immer gläubiger und sucht Trost im moslemischen Glauben. Assalamaleikum – Friede sei mit euch – Wa aleikum assalam – und mit Deinem Geiste– so der fromme Wunsch eines jeden Menschen in Ägypten. bokera inshala - Morgen, so Gott will.

Aber nicht alle sind so fromm und gehen fünf Mal am Tag in die Moschee und nehmen das Freitagsgebet wahr. Bevor man ans Rote Meer reist, sollte man die arabische Sprache lernen. Die meisten Ägypter sprechen Englisch und waren sehr erfinderisch damit, sich wie ein Fisch über Wasser zu halten. In dem Moment, wenn das Brot teurer wird, gehen die Menschen auf die Straßen. Sie werden von Panzern bedroht und landen im Gefängnis.

Elena lernte Magdy im Sommer 2003 in Hurghada am Roten Meer kennen. Er war Fahrer und fuhr mich zum Museum nach Kairo, das ich gerne kennenlernen wollte. Die Kostbarkeiten und Schätze aus den Pyramiden und den Gräbern des Alten Ägyptens werden im Museum ausgestellt. Sie war überwältigt von der Goldmaske

Tutanchamuns und von seiner Mumie, die auch noch nach 3.000 Jahren v.Chr. nichts von ihrer Lebendigkeit eingebüßt hatte. Die Mumie von Tutanchamun war klein und die Haut war dunkelhäutig. Nach all den Jahren konnte ich noch Haare auf seinem Schädel erkennen und ein Lächeln war um seine Lippen.

Erst 2010 fand man im Keller des Museums die Mumie von Pharaonin Nofretete, deren Büste in Berlin ausgestellt wird.

Der Keller birst vor Kostbarkeiten des Alten Ägyptens, wertvolle archäologische Funde, die sicherlich nach 3.300 Jahren v.Chr. das erste Mal im neuen Museum von Kairo ausgestellt werden.

Elena war sehr froh über die Ausstellung, die in Frankfurt am 19.11.2012 stattfand. „Tutanchamun – sein Grab und seine Schätze“ war der Titel.

Nach den Erlebnissen im Museum in Kairo fuhren Magdy und Elena zu den Pyramiden in Gizeh. Er sprach mit dem Besitzer der arabischen Pferde, die darauf trainiert waren, auch Touristen ohne Reitkenntnissen zu einem der sieben Weltwunder zu bringen. Auch dieses Erlebnis wird Elena nicht vergessen. Sie saßen auf dem Rücken der Pferde, links ging die glutrote Sonne unter und tauchte die Wüste und die Pyramiden in ein warmes Licht. Am nächsten Morgen, nachdem sie abends den Abschluss des Ramadan in der Familie von Magdy gefeiert hatten, besuchten sie die drei Pyramiden von Gizeh noch einmal bei Tageslicht. Elenas nächster Urlaub nach Ägypten führte sie nach Luxor. Hier sahen sie die mächtigen Säulen von Karnak, die über und über von Hieroglyphen versehen sind. Ein Jahr später hatte Elena die Gelegenheit, die Lichtershow in Karnak zu bestaunen. Dieses Ereignis war so faszinieren, dass sie das Gefühl hatte, es übertraf jedes Konzert in der Alten Oper in Frankfurt am Main.

Das sind die drei Säulen Tutanchamuns, des Alten Ägyptens.

Elena war 2006 wegen eines Arbeitsgerichtsprozesses, den sie gewann, für kurze Zeit in Frankfurt am Main. Sie kaufte den Duden und schaute auf das erste Wort. ARA, sechsundzwanzigschwänziger Paradiesvogel, war zu lesen. Der Scarabäus ist kein Mistkäfer, der Mist zu einer Kugel rollt, sondern ein Vogel in den Farben Smaragdgrün-Türkisblau.

Einer der drei Särge Tutanchamuns war ebenfalls in diesen Farben zu sehen. Tutanchamun wurde abgebildet mit einem wunderschönen Gesicht, makellos rein. Er trug die Insignien Tutanchamuns: Krummstab (gelb und blau), die Geißel, die Uräusschlange und einen Geier (Vogel). Die Farben Smaragdgrün und Türkisblau symbolisieren den geistigen Aspekt von Gott Tutanchamun. Der Klare Scarabäus-Geist in Ägypten unterscheidet sich vom Klaren Phoenix-Geist in Deutschland. Elena beobachtete 2008 in Ägypten ein Phänomen, das sie beschäftigte. Vor ihr erschien ein Türkis-Blaues Feld, das unterschiedliche

Zeichen hatte. Mal sah es aus wie ein Strommast, am nächsten Tag sah sie dort Punkte, die sich zu einem entfernten Haus bewegten. Die Zeichen waren Türkis-Blau. Der Klare Phoenix-Geist zeigte sich in Deutschland anders. Elena beobachtete täglich vom Balkon aus ein Phänomen, das von der Sonne kam, von der Sonnenwelt. Wenn sie mit den Augenlidern blinzelte und zur Sonne schaute, erschienen große, türkisfarbene Scheiben (Münzen), die wie Zeichen angeordnet waren. Sie konnten sich farblich verändern bis hin zu Burgunder-Rot. Das Energiefeld Sonne erschien.an manchen Tagen in Rubin-Rot, einem kräftigen Rosa. Der zweite Sarg Tutanchamuns ist gold-gelb und repräsentiert das seelische Prinzip. Der erste Sarg Tutanchamuns war Rubin-Rot. Er symbolisierte die Lebensenergie und Lebenskraft Tutanchamuns.

Tal der Könige

Die Reise von Luxor zum Tal der Könige führte am Nil entlang, auf dem die typischen Boote fuhren. Viele kleine Eselskarren, die mit Schilf beladen waren darauf befestigt. Es war eine angenehme Fahrt und Elena hatte das Gefühl, dass sich im Laufe der Geschichte dort am Nil nichts verändert hatte. Sie gelangten in dieser angenehmen Atmosphäre zum Tal der Könige. Dort warteten kleine Wüstenfahrzeuge auf die Touristen, die sie zu den Gräbern der Pharaonen bringen sollten. Draußen vor den Gräbern, deren Eingänge alle nach schräg unten führten, zu den eigentlichen Grabkammern, erlebte Elena ein Gefühl der Ruhe, so wie sie es nur vom Grand Canyon in Amerika kannte. Der schmale Weg zu den Grabkammern war geschmückt mit farbigen Reliefs. In den Grabkammern selber waren die Särge der Pharaonen zur Besichtigung ausgestellt.

Wer waren die Archäologen, die das Königsgrab gefunden haben? Der Bericht liest sich wie einen Abenteuerroman. Was haben sie entdeckt?

Am 5.11.1922 fanden die Archäologen Howard Carter und Lord Canavon eine versiegelte Tür und das unversehrte Siegel der Königsstadt, dem Tal der Könige. Sechs Jahre lang hatte Howard Carter vor dem großen Fund des Grabes von Tutanchamun vergeblich gesucht. Zunächst fanden sie den Namen von Tutanchamun. Auch hier waren Grabräuber am Werk. Sie erhielten Gewissheit beim Öffnen der ersten Tür, als sie 10 Meter tief des Ganges gruben. Dort fanden sie eine zweite und dritte Türe, jeweils mit dem Siegel von Tutanchamun und der Königsstadt.

Die Archäologen sahen wunderbare Dinge: goldene Bahren, einen goldenen Thronsessel, zwei große schwarze Statuen und Alabastavasen. Die Arbeit am Grab Tutanchamuns dauerte mehrere Winter. In der Vorkammer gab es allein 600-700 Kostbarkeiten. Die Grabkammer barg den kostbarsten Thronschein. Der Thronschrein war so groß, dass er fast die ganze Grabkammer ausfüllte. Und er war von oben bis unten mit Gold überzogen. Der Thronschrein barg in seinem Innern drei Särge und den Sarkophag mit der Mumie Tutanchamuns. Die drei Särge waren ineinander geschachtelt und sie nahmen die Mumie des Pharaos Tutanchamuns auf. Der innere Sarg ist aus massivem Gold. Alle drei sind aus massivem Gold. Alle drei Särge zeigten Tutanchamun als Gott Osiris mit den königlichen Insignien in den Händen: Geißel und Krummstab. Der Körper des äußeren Sarges ist mit stilisierten Federn bedeckt. Die Göttinnen Isis und Nephthys halten den Pharao Tutanchamun in ihren geflügelten Armen. Die Archäologen fanden später einen 2. Totenschrein Tutanchamuns. Darin fanden sie die größten Schätze des Grabes. Für die Archäologen war das ein Wunder und es war der größte Fund in der Geschichte der Altertumswissenschaft. Der Anblick der Mumie des Pharaos Tutanchamun war herrlich und es war die einzige Mumie des Tals der Könige, die 3.300 Jahre unberührt geblieben war. „In welcher Fülle der König mit Schmuck bedeckt war, überschreitet alle Vorstellungen des bedeutenden Archäologen Howard Carter.“ „Die Königsfamilie stattete ihre Toten mit unschätzbaren Reichtümern aus: mit vergoldeten Statuen, kostbaren Schmuckstücken und prächtig verzierten Dingen des Lebens.“ All dies wurde in den Gräbern gefunden. (Quelle: C.W. Ceram, Götter, Gräber und Gelehrte).

Buddha Shakiamuni (shakia = Clan)

Als der König von einem weisen Mann erfuhr, dass sein Sohn und Prinz eines Tages ein Einsiedler würde, versuchte er alles, um seinen Sohn davor zu bewahren und zu beschützen, ein Asket zu werden. Er wollte aus ihm statt dessen den besten Krieger aus ihm machen. Nachdem Prinz Shakiamuni geheiratet hatte, erlebte er Situationen, die ihm die Augen öffneten. Er nahm wahr, dass die Untertanen seines Vaters, des Königs, an Krankheiten und Alter starben und in bitterer Not leben mussten. Viele vegetierten nur so vor sich hin. Das war unerträglich für Prinz Shakiamuni. Zusätzlich wurde er in einen Krieg verwickelt. Er suchte nach einer Möglichkeit, den grausamen Krieg beenden zu können und fand eine Lösung, indem er mit Elefanten ins Kriegsfeld zog. Der Krieg wurde dadurch beendet. Prinz Shakiamuni war niemals mehr in seinem Leben an einem mörderischen Krieg beteiligt.

Er verabschiedete sich von seiner Ehefrau und seinem Sohn, verließ das prunkvolle Leben auf dem Hofe und ging fort, um nach der endgültigen, ewigen Wahrheit zu suchen und danach zu suchen, was das Universum zusammenhält. Er entschied sich für ein Leben als Asket und fand mehrere Gurus, die ihn als Schüler aufnahmen. Er fand heraus, dass die Begierden und Wünsche, die der Körper entwickelt, nicht die Wahrheit sind.

Nach seiner Erleuchtung unter dem Boddhibaum lehrte er seinen Schülern, dass die Quelle des Lebens das Bewusstsein ist. Wenn Du Buddha bist, bist zu unsterblich. Nach der Erweckung findest Du einen Frieden, du fühlst Dich frei, frei wie ein Vogel. Du fühlst Dich von allem losgelöst. Ab der Erleuchtung wurde er Buddha genannt. Er hatte den Weg zur Erlösung gefunden. Buddha lehrte, dass man die endgültige Erweckung alleine gehen muss. Alle würden ein einziges Bewusstsein miteinander teilen. Jeder kann die Erleuchtung erlangen. Sie ist in uns. Buddha nahm Menschen aus Königshäusern als Schüler an, Frauen und Kinder, wie seine Mutter und seine Ehefrau Jashodra, den König Bimbisan aber auch Schüler und Schülerinnen aus den unteren Kasten. Buddha setzte sich damit über das Kastensystem hinweg. Er behandelte alle Menschen als freie Menschen, die auch die Erleuchtung erlangen können, wenn sie den Weg wählen und gehen würden. Ein Weg, um ein harmonisches und erleuchtetes Leben führen zu können. Er lehrte, dass er Güte und Schönheit durch eigene Erfahrungen erlernt und erlangt habe. Er habe es geschafft, das Allerhöchste zu finden. Er lehrte unterschiedliche Meditationen:

4 Edle Wahrheit:

8-fachen Pfad:

6 Tugenden:

nicht töten (auch keine Tiere)

vernünftiger und friedliebender leben,

nicht stehlen

Dem Partner treu sein

Der Täuschung und Lüge entsagen

Keinen Alkohol trinken

„Wenn ich in der Vergangenheit bleibe, verliere ich in der Vergangenheit auch meine Zukunft.“, lehrte Buddha.

Buddha gründete mehrere Ashrams im ganzen Land verteilt, in denen die Mönche beiderlei Geschlechts ihre Meditationen ausüben konnten. Er hob alle Unterschiede auf, sei es das Kastensystem oder den Stand der Brahmanen. Die Bramahnen sahen sich als Hüter der Religion, als Quelle des Wissens und sie wurden wie Könige angesehen.

Buddha hatte geschworen, dass er die endgültige Wahrheit und die endgültige Weisheit erlangen würde. Er sprach über die eigenen Erfahrungen und Weisheiten. Er half den Mönchen, die Erlösung und Erweckung zu finden. Buddha half ihnen, um ihnen auf dem spirituellen Weg zu helfen. Er hatte Angst, Zorn, Habgier und Sorgen hinter sich gelassen als er dem Tod näher kam. Das Feuer des Zorns und die Habgier kann alles verzehren sagte er zu seinen Mönchen. Buddha lehrte ein ausgeglichenes Bewusstsein, ein Herz voller Freiheit und Güte. Er lehrte die endgültige Weisheit. Vor seinem Tod wurde er zweimal von giftigen Schlangen bedroht. Er blieb äußerlich ganz ruhig. Die Schlangen verschwanden wieder, ohne ihn mit ihrem todbringenden Biss getötet zu haben. Mutter mit totem Sohn im Arm. Eines Tages kam eine Mutter laut weinend mit ihrem Sohn auf dem Arm, der gerade verstorben war. Sie wollte, dass Buddha ihren Sohn wieder lebendig macht. Buddha bat sie vorher darum, dass sie Senfkörner besorgen solle, aber nur aus einem Haus, in dem noch niemand gestorben sei. Die Mutter ging mit ihrem verstorbenen Kind auf ihrem Arm und klopfte an jedes Haus. Es gab aber kein Haus, in dem noch niemand gestorben war. Sie ging zu Buddha zurück und klagte ihr Leid. Buddha sagte zu ihr: „Das Leben und der Tod ist das gleiche."

Kreta

Elena Ros verabredete sich mit Ihrer Freundin Ursula Ebert in einem Lokal, das sie noch nicht kannte. Sie trafen dort zwei Freundinnen von ihr, die sich darüber unterhielten, wie sie am günstigsten nach Griechenland kommen würden.

Elena wurde hellhörig, hatte sie doch die letzten drei Tage vergeblich versucht, eine preiswerte Mitfahrgelegenheit nach Kreta zu finden. Weder am Schwarzen Brett in der Universität Frankfurt am Main, noch im Hessenkolleg gab es eine Möglichkeit. Sie hatte drei Wochen Ferien, in denen sie sich erholen wollte und das auf einer griechischen Insel. Petra und Edith kannten Kreta bereits und wussten, wie sie mit dem Auto durch Jugoslawien kamen, den Auto-Putt entlang. Sie sagten zu Elena, dass sie am nächsten Morgen abreisen wollten. Elena war überglücklich, eilte in die Wohngemeinschaft, in der sie ein Zimmer hatte und packte ihren großen braunen Rucksack mit Schlafsack, Matte und ihrer Kleidung. Ihr Bruder Wolfgang hatte ihr die Campingausrüstung verkauft, als er von einem einjährigen Trip durch Asien wieder zurück war. Sie war bestens gerüstet für einige Zeit am Meer und von Edith und Petra erfuhr sie, dass es einen Zeltplatz im Norden der Insel Kreta gab, in der Nähe von Rethimnon. Es gab einen kleinen Fluss in der Nähe, der ins Meer floss und von daher gab es ausreichend Trinkwasser und Wasser für die tägliche Hygiene. Elena wurde von den beiden jungen Frauen in Frankfurt abgeholt, sie nahm im Wagen hinten Platz und bekam sogleich mit, dass sie Lesben waren und eine feste Beziehung hatten. Beide waren ebenfalls auf dem Hessenkolleg, um das Abitur auf dem 2. Bildungsweg nachzuholen. Sie waren in Rüsselsheim und von dort holten sie ihre Französischlehrerin ab, die wie E-lena nicht lesbisch war. Sie fuhren ca. eineinhalb Tage mit der Fähre bis nach Chania, dem großen Hafen von Kreta. Bevor sie zum Zeltplatz fuhren, schauten sie sich gemeinsam die wunderschöne Hafenstadt an.

Elena wäre gerne noch länger geblieben, weil sie sich dort sehr wohlfühlte. Sie mussten aber los, um die Zelte aufzubauen und Ursula und Beate zu treffen. Beate flog wie immer von Berlin nach Chania, Ursula kam aus Frankfurt am Main. Hier erlebte Elena eine weitere Überraschung. Auch Beate war lesbisch und bis über beide Ohren in Edith verknallt, was natürlich zu Spannungen führen musste. Ursula war ambivalent und überlegte sich auf der Insel, ob sie lesbisch werden wollte oder nicht.

Das Beziehungssystem der Frauen untereinander war mehr als kompliziert und Elena dachte bei sich, dass die Verhaltensvorschriften unter den Frauen so eng war, dass es ihr vorkam wie ein Schachbrett, auf dem nur bestimmte Züge erlaubt waren. Manches Mal gab es dicke Luft untereinander. Elena erzählte eines Tages im Cafè einige lustige Geschichten über ihre Katze Schini. Alle mussten lachen und Petra bedankte sich bei ihr, dass sie die Spannungen aufgelöst hatte.

Tagsüber trainierten Petra und Edith mit dem Stock und Thai-Chi am Strand. Es stellte sich heraus, dass sie dieses Training brauchen konnten, da der Zeltplatz von den jungen Männern überfallen wurde. Elena versteckte sich in ihr Zelt. Alle anderen Frauen kämpften gegen die Übermacht an. Die Männer waren ausschließlich Machos, die keine Lesben am Strand duldeten. Der Kampf wurde beendet, ohne dass die Frauen verletzt wurden.

Elisabeth, Ursula und Elena wollten aus dieser Gruppendynamik heraus und sie nahmen die nächste Gelegenheit wahr, um mit dem Auto nach Knossos zu fahren. Im Palast von Knossos fanden sie auch das Symbol der „Doppelaxt", das die Frauenbewegung für sich in Anspruch nahm. Die Amazonen verwendeten die Doppelaxt im Kampf gegen ihre Feinde an. Elena sieht darin ein Zeichen für die Raum- und Zeitüberwindung. Es war ein herrlicher Sommertag und sie fuhren durch einen kilometerlangen Obstgarten. Orangen und Zitronen blühten und gleichzeitig hingen reife Früchte an den Bäumen. Elena war froh, die Insel etwas näher kennenzulernen. Elisabeth und sie fuhren mit dem Bus zum Eingang in die Sankt Maria-Schlucht. Ursula fuhr alleine weiter zurück zum Zeltplatz.

Das Hotel; das am Eingang der Schlucht stand, war so voll, dass nicht ein Zimmer mehr frei war. Vier Leute teilten sich ein Zimmer, wobei die Hälfte auf dem Boden schlief. Die Gruppe erweiterte sich um zwei junge Leute, die auch die Schlucht hinunterwandern wollten. Die Schlucht hatte nur einen schmalen Weg bis hinunter zum Meer. Vorher gingen alle zusammen zum Gletscher, der im April 1982 noch Schnee hatte. Am Ausgang der Schlucht entschied sich Elisabeth auf den Felsen bis zum vereinbarten Treffpunkt zu laufen. Elena schloss sich einer Gruppe von vier Leuten an. Sie gingen durch den Sand, was sehr anstrengend mit dem prall vollen Rucksack war. Ein starker Wind fegte das Zelt von Elena fast weg. Sie lag in ihrem kleinen Zelt und dachte bei sich, dass das ja ein richtiger Sturm sei, aber sie hatte keine Angst und strotze den Naturgewalten. Der harzige griechische Wein hatte ihr die Angst genommen. In ihrer selbstgefärbten Latzhose und den zwei dunklen Pullovern, die sie auf Kreta gekauft hatte, war ihr nicht kalt. Die Schlucht hatte an einer Stelle sehr viel Wasser, das im April zu hoch und sehr kalt war. Einzelne Schuhe und eine Kamera flossen ihr entgegen, als sie mit bloßen Füssen durch das Wasser wateten. Die Schlucht war an dieser Stelle so schmal, dass man sich quasi durchzwängen musste.

Ein Mann mittleren Alters fand Gefallen an ihr und folgte Elena auf Schritt und Tritt. Der Urlaub ging zu Ende, Ursula und Elena wollten nach Hause trampen, etwas, was sie noch nicht kannte. Ein leerer Reisebus hielt und nahm sie bis an die Grenze mit. Von dort ging es weiter mit einem 2CV bis nach Frankfurt.

Elena sah aus, wie das blühende Leben. Sie freute sich auf den Freundeskreis im Hessenkolleg und darüber, wieder intellektuell arbeiten zu können.

Kreta .- Konzept

Elena Ros saß in der Patsche und hatte null Ahnung, was sie nun tun sollte und wie sie ihre Zukunft in die Hand nehmen konnte. Vergeblich versuchte sie, ihrem Leben eine neue Richtung zu geben. Ihre Reisen nach Ägypten in der Zeit von 2000 bis 20009 scheiterten auf allen Ebenen und sie arbeitete im Herbst 2009 vergeblich daran, sich von dem Trauma des Gefängnisaufenthaltes in Hurghada am Roten Meer zu befreien. Nach einem längeren Aufenthalt in der Klinik für Psychiatrie saß sie am 5.9.2009 auf einer Holzbank unter den Bäumen und meditierte stundenlang darüber, wie sie die dunkle Zeit, die vor ihr lag, abwenden konnte. Egal, was sie unternahm, die Spirale des Leids abzuwenden, immer wieder holte sie ihre manisch-depressive Erkrankung ein und wieder und wieder wurde sie von den dunklen Mächten TD-ucca heimgesucht. Es war so, als ob ein Fluch über ihrem Leben schwebte und es gelang ihr, trotz großer Bemühungen nicht, TD-ucca abzuwehren. TD-ucca ist Tod und Teufel, Pest und Schwefel, ist das Böse, das Krankheit, Unfälle und Katastrophen verursacht. Die Klinik für Psychiatrie war für Elena eine kleine Verschnaufpause, die ihr gut tat. Nach der Entlassung versuchte Elena vergeblich, die TD-ucca-Bedrohung abzuschütteln. Sie verbrachte oft Wochen und Monate in der Klinik für Psychiatrie, ohne wirklich geheilt zu werden. Das Trauma der Folter quälte sie noch Jahre später. Erst, als sie eine Methode gefunden hatte, um TD-ucca endgültig ins Schwarze Loch des Kosmos zu werfen, konnte sie beginnen, ihrem Leben wieder eine Richtung zu geben. Ihre bipolare Erkrankung war chronisch geworden. Sie hatte ihren Freundeskreis verloren, ihre Wohnung in Frankfurt-Sachsenhausen aufgegeben, alles, was ihr vor der Auswanderung nach Ägypten so viel wert gewesen war.

Elena Ros zog auf der Holzbank im Eingangsbereich der Klinik für Psychiatrie Bilanz. Ihr bester Freund Florian fand in kurzer Zeit eine wunderschöne Wohnung für sie, als sie 2006 nach Deutschland zurückkehrte. Sie begann zu Schreiben und malte ihre ersten Bilder unter dem Motto „Orientalische Impressionen". Dennoch brach ihre Krankheit immer und immer wieder aus und Elena musste jedes Mal wieder von vorne anfangen, ein neues Leben aufzubauen. Das Trauma der Folter im Gefängnis von Hurghada holte sie immer wieder ein.

Elafonisis

Bis auf das eine Mal, an dem sie mit Ihrer Schwester Marlies und einer Studienkollegin nach Paleochora reiste, um sich von den Strapazen ihrer Universitätsprüfungen zu erholen, fühlte sich Elena sehr wohl auf der Insel Kreta. Die Unstimmigkeiten mit ihrer Schwester und das Desinteresse von Judith waren für Elena unangenehm. Die Unsicherheit darüber, ob sie schwanger war oder nicht, bereitete ihr großes Kopfzerbrechen. Die Situation war sehr schwierig für sie, aber sie hatte noch eine Woche Zeit, um auf der Insel alleine verbringen konnte. Ihre Schwester und Judith hatten nur zwei Urlaubswochen gebucht. Elena reiste gerne alleine und machte damit die besten Erfahrungen. Es fiel ihr leicht, einen Kontakt zu den Einheimischen aufzubauen, da sie an Land und Leute, Kunst und Kultur des Urlaubslandes sehr interessiert war. Ihre Reisen waren aufgrund der Geldknappheit während der Studienzeit immer auch von kleinen und größeren Abenteuern begleitet. Auf diese Art und Weise lernte sie den größten Teil Europas, Amerika, Israel, Tunesien und Ägyptens kennen.

Elena buchte 1998 eine Schifffahrt von Paleochora, zu der kleinen Insel Elafonissis. Sie entdeckte auf dem Schiff den Maler Bernd aus Brüssel kennen, der vollkommen entspannt im Schiffsbug lag. Sie kamen ins Gespräch, da der Kapitän alle Passagiere darum bat, schon um 16:00 Uhr für die Rückfahrt nach Kreta wieder zurück zu sein. Er deutete auf einen riesengroßen Taifun, der drohend am bedeckten Wolkenhimmel stand. Bernd und Elena unterhielten sich darüber, ob sie unter diesen Umständen überhaupt an den Strand gehen könnten. Sie berieten sich mit dem Kapitän, der ihnen aufgrund seiner jahrzehntelangen Erfahrung auf dem Wasser empfahl, den Nachmittag am Meer zu verbringen und nach vier Stunden wieder am Schiff zu sein.

Als sie am Meer ankamen, waren beide überrascht. Die Wasseroberfläche war Türkis-Grün, sehr ruhig und die Badehungrigen konnten kilometerweit ins Meer laufen.

Das Wasser ging ihnen nur bis zu den Oberschenkeln. Obwohl der Taifun eine Bedrohung für Elena und Bernd bedeutete, konnten sie sich entspannen. Elena nahm sich ein Beispiel an Bernd, der tief in Meditation versunken auf der Liege verbrachte. Als sie wieder in Paleochora ankamen, schien es, als hätte jemand die Wetterschleusen geöffnet. Ein Platzregen prasselte auf sie nieder und beide kamen klatschnass in ihrem Zimmer an. Sie waren rechtszeitig vor dem Taifun in ihrem Hotelzimmer angekommen. Auf der Rückfahrt lernten sie noch eine sehr nette junge Frau kennen, die auch alleine reiste. Bernd verabredete sich mit Elena und Astrid. Sie verbrachten einen sehr angenehmen Abend zusammen. Elena hatte sich lange nicht mehr so wohlgefühlt, wie dieses Mal auf Kreta. Große Spannungen in ihrer Ehe mit Roger Zibi, der in Kamerun geboren war, führten dazu, dass sie kurz vor ihrer Trennung standen. Seit ihrer Hochzeit 1998 war es Elena nicht mehr vergönnt, sich vom Stress mit ihm und dem Job im Hessischen Rundfunk zu erholen. Mit ihrer Urlaubsbekanntschaft saß sie gerne in einem Café, das auf einer Anhöhe lag. Unter den Bäumen sitzend, konnten sie auf das Meer schauen und die Ruhe genießen. Bernd erzählte ihr, dass er als Maler in Brüssel arbeitete und dass er vorhabe, in Paleochora zu malen. Ihr großes Zimmer, das direkt am Meer lag, schien ihm gut geeignet für sein Vorhaben zu sein

Die freien Tage auf Kreta hatten ihr Kraft und Inspiration gegeben, so dass sie gestärkt wieder nach Frankfurt zurück flog.